総理の言葉

THE WORD OF PRIME MINISTER

遠越 段

SOGO HOREI PUBLISHING CO., LTD

まえがき

私たちにとって、すでに歴史的な偉人となったかつての総理、伊藤博文や大隈重信の言葉に教えられることはたくさんある。

また、それほどの有名総理ではないように思えた人でも、今その言葉を吟味してみると、その時代の日本の問題点、日本人が最も気にかけていたことを口にしているのがわかる。

同時代に生きている時は、何とも思わなかった総理大臣の言葉が、実は歴史的に重要なものだったことに気がつくことが多いものだ。


本書で「賢者は歴史に学ぶ」というドイツの鉄血宰相・ビスマルクの言葉を紹介しているが、私たちは、歴史に学ぶことで、未来を予測し、失敗しないための方法を考える。

そこでは、現代を知ることも非常に大切になってくる。現代には、これからの時代の必然性が必ず表れるものだ。

ところが、現代史というのは今の微妙な政治問題と直結するため、学校教育では教えにくい。特に、本書にあるような、明治以降から平成の現在までの総理大臣が誰で、何を言ったかなどは触れないことが多い。

私が学校教育を受けていたころはまだわかりやすかった。日本悪玉論一色の教育でよかったからだ。

今はちがう。人は皆（子どもでさえも）、インターネットなどで「何が真実か」を自分で探ろうとする。すなわち、その気になれば何でも自分で学べるのだ。だから学校でさらに教えにくくなっていくのだ。


しかし真に必要なのは、個々の事実だけではない。すべてはつながっているのだ。こうして本書を書かせてもらうことで、日本の現代史が一本の流れの中でつながっているのがよくわかった。

これはインターネットで個々の事実を見るだけではわからないと思った。

一冊の本を通して、歴代総理の個々の言葉を吟味していくことで、たくさんのことに気がつくのである。

すべては歴史の流れの中にある。

その時々の総理の言葉には、日本人と世界の人々の悩みと戦いが正直に表わされている。時代の流れ、生きた歴史が目の前に浮かんでくる。

一つひとつの言葉に歴史を学びたい。

そうして私たちは賢者となっていくのだ。

遠越段

明治

大正

昭和

平成

ブックデザイン　土屋和泉

明治

The Word of Prime Minister

Prime Minister

初代 伊藤 博文

大いに屈する人を恐れよ、
いかに剛にみゆるとも、
言動に余裕と味のない人は
大事をなすにたらぬ

伊藤博文は、わが国の初代総理大臣である。

明治新政府をリードした大久保利通が暗殺された後、日本のリーダーの一人として活躍した。もともとは百姓の子であったが、足軽の伊藤家の養子となり、吉田松陰の松下村塾に学んだ。

松陰は、伊藤のことを、勉強熱心で快活だが、才能はそんなにないと見た。しかし、〝周旋家《しゅうせんか》〟（事をとり行うために動きまわって面倒をみる人）としての能力を発揮するだろうと予測した。

松陰は伊藤のことを愛したが、伊藤は松陰のことを大して尊敬しているようには見えない。しかし、松下村塾に学び、「博文」と名付けてくれた松陰を慕う高杉晋作の仲間として見られたことで日本有数の大政治家となっていった。

今でも評価の高い明治憲法をつくる際、日本の伝統と精神のシンボルである天皇と民主主義とをうまく考え合わせたのは、伊藤の〝周旋家〟としての能力によるものであった。またこれは論語から引用された〝博文〟という名に叶う、よく文物、人に学ぶ人となったことを証明している。伊藤の真骨頂は、漸次主義にあった。ここの言葉で述べているように、大事となすには余裕と味のある人でなければならないというのは、真理というべきであろう。

伊藤博文（いとうひろふみ）

1841年〜1909年。長州藩（現・山口県）出身。松下村塾に学び、幕末期の尊王攘夷・倒幕運動に参加する。維新後は明治新政府内で力を伸ばし、初代総理大臣に就任。大日本帝国憲法起草の中心的な役割を果たす。総理大臣辞任後は、初代枢密院議長、初代貴族院議長、韓国統監府初代統監などを歴任。明治42年、ハルビン駅で安重根のテロによって暗殺される。68歳没。

Prime Minister

2代 黒田 清隆

大隈どん、
貴君の片足を失ったのは、
私の片足を失ったより残念じゃ

私には人間を見る時の大きな〝ものさし〟がいくつかある。

その一つは、酒の飲み方である。

酒ぐせの悪い人は、リーダーになる度量はないと思っている。

ところが、世の中には例外が必ずある。

少なくとも私のこの〝ものさし〟に反する大物が二人いるようだ。

一人は文句なしに黒田清隆。もう一人は山本五十六（第26・27代連合艦隊司令長官）である。山本については凡将だという人も多くいるが、黒田の度量を否定する人はいない。

黒田は、敵だとしても、立派な人は認め、必ず生かそうとする。それも本気でそう思うのだ。西郷隆盛に学んだものもあったろうが、やはり彼の持ち前の人格の大きさであったろう。

かつての政敵大隈重信がテロに遭い片足を失った時、大隈の才能を認めるようになっていた首相の黒田清隆は、心から大隈のケガを心配した。

黒田がつくらせた札幌農学校では、薩長の敵となった旧幕府についた藩の子弟が多く育った。

会津白虎隊少年兵から帝大総長になった山川健次郎も、黒田の度量に「芋侍にもいい奴はいる」と尊敬した。

黒田清隆（くろだきよたか）
1840年〜1900年。薩摩藩（現・鹿児島県）出身。薩長連合の成立に尽力する。戊辰戦争では五稜郭の戦いを指揮。維新後は開拓次官、後に同長官として北海道経営にあたり、札幌農学校（現・北海道大学）の設立、屯田兵制度の導入などを行う。その後、農商務大臣などを経て、総理大臣に就任。大日本帝国憲法の発布式典にかかわる。総理大臣辞任後は、枢密顧問官、逓信大臣、枢密院議長などを歴任した。59歳没。

Prime Minister

3代 山県 有朋

弱い羊だけが群がっている
世の中など嫌だ。
虎の寝そべっている野辺を
突き進め

五木寛之の若かりしころの名作の一つに『青年は荒野をめざす』というのがあった。

タイトルは素晴らしいと思ったが、その内容は、ここに挙げた山県有朋の言葉のような、人に勇気を与えるものではなかった。ただ五木流のエンターテインメント性豊富な小説であった。

幕末明治の青年と、戦後の高度成長期にさしかかるころの青年とは、〝荒野〟の意味がこんなにも違うということだろうか。

山県が生きた頃のように時代が激動し、荒れた時代とは違うけれども、いつの時代も、青年は、荒野をめざすものだ。

それが、新しい時代を創っていく。

わずかの期間でも松下村塾に入ったことで、その後の山県の活躍の場は大きく広がった。それは「虎の寝そべっている荒野をめざした」勇気のある人の行動によるものであった。

現代は、一人ひとりその気になれば、誰もが時代を切り開く冒険者になれる時代である。

今ある荒野に、たとえ虎が寝そべっていようと、勇気ある若者は突き進むのである。

山県有朋（やまがたありとも）
1838年～1922年。長州藩（現・山口県）出身。松下村塾に学び、奇兵隊の軍監として活躍。戊辰戦争に従軍後、陸軍卿を務め、軍制の確立に尽力する。その後、総理大臣に就任し、教育勅語を発布する。辞任後は元老となり、日清戦争、日露戦争では自ら作戦指揮を執る。「山県閥」と呼ばれる官僚、軍人の一大勢力を形成し、政界への影響力を行使。「陸軍の父」と呼ばれる。83歳没。

Prime Minister

4代 松方 正義

我に奇策あるに非ず、
我は寧ろ奇策を忌む。
唯正直あるのみ、
正直に之を行へは
人民必ず之を信せん

松方正義は薩摩の下級武士から成り上がったため、その出世をねたまれるところがあったという。しかし、ここの言葉にあるように、基本が正直で、奇策を好まないこともあって、明治天皇を始め、人によく好かれた。ただ大隈重信には徹底的に嫌われた。

松方は、やはり薩摩のリーダーの一人、大久保利通によって評価され、抜てきされ、財政面で能力を発揮した。松方財政とも呼ばれ、日本銀行も松方によって創られている。しかし、薩摩では、策士の大久保より西郷隆盛の「策略、奇策は基本として使わない」という考え方が浸透したせいか、長州のように策も用いなければ務まらない総理大臣をそんなに多く生んでいない。さすがに大西郷の影響は大きかった。次の言葉は西郷のものである。

「事大小となく、正道を踏み至誠を推し、一事の詐謀を用うべからず（大事であろうと小事であろうと、人として誠実に事にあたり、「いつわり」や「はかりごと」は決して使ってはならない）（南洲遺訓）」

ただ、松方は戦争嫌いで日露戦争に反対した伊藤博文とは対立し、日露戦争では積極派だった。しかし、二人とも女好きでは共通していたところが面白い。

松方正義（まつかたまさよし）

1835年～1924年。薩摩藩（現・鹿児島県）出身。日田県知事、租税権頭、大蔵大輔などを経て、内務卿となる。明治14年の政変で参議の大隈重信が追放されると、参議兼大蔵卿に就任。内閣制度確立後、初代大蔵大臣などを経て総理大臣に就任し、以降、大蔵大臣を計七度（大蔵卿を含む）、総理大臣を二度務める。その後は、日本赤十字社社長、貴族院侯爵議員、内大臣などを歴任。日本銀行の創立、金本位制度の確立など、財政指導者として功績を残す。また、元老としても重きをなした。89歳没。

Prime Minister

5代 伊藤 博文

いやしくも天下に
一事一物を成し遂げようとすれば、
命懸けのことは始終ある。
依頼心を起こしてはならぬ。
自力でやれ

伊藤博文は命懸けの一生を送った。

若い時には志士の一人として倒幕に命を懸け、途中からはイギリスに留学している。

そして長州藩がイギリスなどの4ヵ国に対しての攘夷戦を実行したことにショックを受け、「そんな時代ではない。日本は欧米に学び発展しなければならない」という考え方を基本とする自力の行動力が、後の伊藤博文を育てていく。

わずかな留学で英語がどれだけできたか怪しいのだが、吉田松陰が予言した通り〝周旋家〟としての能力を発揮し、日本と欧米の橋渡しをするべく交渉の通訳を買って出た。

もともと無学の人であったろうが、その自力で事を成し、時には人の力を借りあるいは仲介をし、人々の力を結集していくことで、社会をだんだんに変えていく力を生み出す、稀有の大政治家となっていった。

依頼心ではなく、いつも自力を核とし、命懸けで目標に向かえば、大抵のことは実現していくことを示した偉人なのである。

伊藤博文（いとうひろふみ）

1841年〜1909年。長州藩（現・山口県）出身。松下村塾に学び、幕末期の尊王攘夷・倒幕運動に参加する。維新後は明治新政府内で力を伸ばし、初代総理大臣に就任。大日本帝国憲法起草の中心的な役割を果たす。総理大臣辞任後は、初代枢密院議長、初代貴族院議長、韓国統監府初代統監などを歴任。明治42年、ハルビン駅で安重根のテロによって暗殺される。68歳没。

Prime Minister

6代

松方 正義

後日調査の上、御報告申し上げます

動物行動学を基にした評論活動で大人気の竹内久美子女史は、『男と女の進化論』（新潮文庫）などで、女好きの男は、リーダーとしての才能やビジネスの能力にいかに恵まれているかを著した。伊藤博文、北里柴三郎、渋沢栄一はそのよき例とされる。

伊藤と並び女好きで有名な松方正義は、明治天皇に、一体お前は何人の子どもがいるのかと聞かれ、すぐに答えられなくて、「後日調査の上」と返答し、あきれられた。

財政においては明治天皇の信頼度は抜群だったが、松方デフレ財政学は一般国民には不評だったようだ。その松方は、日本銀行の設立など日本の財政の基礎づくりには大変貢献した。

竹内久美子女史は男性ホルモンの一種であるテストステロンについて、「テストステロンは長じては男としての様々な体の特徴や、音楽やスポーツの才能、能力、精神面では自信や集中力、ねばり強さやリスクを好む性質などに影響を与えることがわかっています」と言われる（『女は男の指を見る』新潮新書）。

ただ、現代の私たちにはもう一つの能力も要求されていることを忘れてはならない。それは〝倫理〟能力である。

松方正義（まつかたまさよし）

1835年～1924年。薩摩藩（現・鹿児島県）出身。日田県知事、租税権頭、大蔵大輔などを経て、内務卿となる。明治14年の政変で参議の大隈重信が追放されると、参議兼大蔵卿に就任。内閣制度確立後、初代大蔵大臣などを経て総理大臣に就任し、以降、大蔵大臣を計七度（大蔵卿を含む）、総理大臣を二度務める。その後は、日本赤十字社社長、貴族院侯爵議員、内大臣などを歴任。日本銀行の創立、金本位制度の確立など、財政指導者として功績を残す。また、元老としても重きをなした。89歳没。

Prime Minister

7代

伊藤 博文

本当の愛国心とか
勇気とかいうものは、
肩をそびやかしたり、
目を怒らしたり
するようなものではない

伊藤博文は、韓国人の安重根《あんじゅうこん》に暗殺された。

しかし伊藤は、韓国人自身の力で韓国を発展させていってほしいと願っていたという。

この暗殺により、日韓併合という、日本にとっても韓国にとっても将来に災いをもたらすことが起きることになってしまった。

テロリスト安重根は今も韓国では英雄扱いされているが、暗殺で国がよくなっていくことはほとんどない。伊藤が述べていたように、肩をそびやかし、目を怒らした人に大事はできない。

西郷隆盛は、いわゆる〝征韓論〟を主張したとされるが、今では「西郷は征韓など考えてはいなかった」という説が有力である。政敵となった幼馴染・大久保利通とそれに従う伊藤たちが西郷を追い込むためにでっち上げたものだというのである。それは正しいとしても、〝征韓論〟などはやるべきでないという伊藤の考え方は、日本人としては共感できる、説得力のあるものだった。

昔から、そして今もそうだが、強敵に戦いを挑まれたとき、これに負けない勇気がある人というのは、普段、威ばり散らしたりしない。伊藤は、普段、力であからさまに威かくしようとする人を認めなかった。そして、それは日本人の精神の基調でもあった。

伊藤博文（いとうひろふみ）
1841年～1909年。長州藩（現・山口県）出身。松下村塾に学び、幕末期の尊王攘夷・倒幕運動に参加する。維新後は明治新政府内で力を伸ばし、初代総理大臣に就任。大日本帝国憲法起草の中心的な役割を果たす。総理大臣辞任後は、初代枢密院議長、初代貴族院議長、韓国統監府初代統監などを歴任。明治42年、ハルビン駅で安重根のテロによって暗殺される。68歳没。

Prime Minister

8代 大隈 重信

個人としては幾多の失敗を重ねたが、しかし恐縮はせぬ。失敗はわが師なり。失敗はわが大なる進歩の一部なり

大隈重信ほど、よくわからない不思議な人物はいないと思っている。

よく人と対立し、争う。しかし、後にそんな人とも仲良くなり、意気投合する。失敗しても決してめげない。

大隈重信は大政治家であるが、早稲田大学（前身は東京専門学校）の創始者でもある。それも、仲の悪かった福沢諭吉と会って意気投合した際に、福沢から勧められて創ったという。

筆者は、高校時代から福沢諭吉を尊敬し、著作を読み始めた。しかし、大学は福沢が創設した慶應義塾大学に興味はなく、早稲田以外に行く気はしなかった。大隈重信には何の関心もなかったが、大学に入ると、大隈の人気の高さに驚いた。

その人気は昔からのようだ。大隈が死んだ時、約30万の市民が葬儀参列したという。そのわずか3週間後に山県有朋が死んだが、葬儀には市民は誰も参加しなかったという。

大隈の人気の理由は何なのかと考えてみた。

一番は、ここの言葉にある挑戦、失敗、反省、再挑戦、そして成功への不退転の生き方にあったと思う。二番目は、敵をも好きになる心の広さであったろう。

大隈重信（おおくましげのぶ）
1838年〜1922年。佐賀藩（現・佐賀県）出身。明治新政府では参議などを務めるが、明治14年の政変で失脚し、立憲改進党を結成する。明治31年には板垣退助らと憲政党を結成し、総理大臣に就任。「隈板内閣」を組織する。辞任から16年後に再就任し、このブランク期間は歴代最長記録である。また、二度目の総理大臣退任時の年齢は満78歳6か月で最高齢記録。東京専門学校（現・早稲田大学）の創立者でもある。二度の暗殺危機があり、片足切断の重傷を負った。83歳没。

Prime Minister

9代

山県　有明

もの丶ふの火花ちらして戦ひし
草野は雪のふ丶き『吹雪』なりけり

山県有明の口ぐせは、「わしは一介の武弁」だったようだ。「武弁」とは、武士道に生きる者とか、ひたすら戦いに明け暮れる人のことをいう。

ヨーロッパには騎士道がある。これと日本の武士道を比較しつつ、日本人の精神を欧米人に理解してもらおうと、新渡戸稲造は名著『武士道』を英語で書いた。

日本人で、特に武士の出であることを自称する者は、ナポレオンを尊敬した。山県有明もそうである。だからワーテルローの戦いのあった史蹟で、右にある詩を歌った。自分が武士道の人という強い思いがあったのだ。

後の日露戦争におけるロシアの陸軍大将・クロパトキンを、第一次大戦の時、海軍の英雄・秋山真之が訪ねたらしい。その時クロパトキンは言った。

「日露戦争当時と今次の戦争と比較するに当時は随分と苦戦もしたが、立派な武士と軍をするので、対手は統制、任侠の美風あり、これに対する自分等も士気奮い何となしさっぱりした所があった」と。

(『秋山真之』秋山真之会編)

日本の陸軍をつくった山県が聞けば、泣いて喜ぶような話である。

山県有朋(やまがたありとも)

1838年〜1922年。長州藩(現・山口県)出身。松下村塾に学び、奇兵隊の軍監として活躍。戊辰戦争に従軍後、陸軍卿を務め、軍制の確立に尽力する。その後、総理大臣に就任し、教育勅語を発布する。辞任後は元老となり、日清戦争、日露戦争では自ら作戦指揮を執る。「山県閥」と呼ばれる官僚、軍人の一大勢力を形成し、政界への影響力を行使。「陸軍の父」と呼ばれる。83歳没。

Prime Minister

10代 伊藤 博文

西郷南洲（隆盛）は天稟《てんぴん》の大度《たいど》で、
泰山《たいざん》の群峰を抜く趣《おもむき》があった。
そうして国を憂うる真情が深かった。
徳望は隆《さか》んなものであったが、
政治上の識見はというと、
ちと人物より劣っていたかも知れぬ。
自分でも政府に立つことを嫌っていた

伊藤博文は、大久保利通を尊敬し、大久保も伊藤を自分の後継者として目をかけたようだ。

政治家としての資質は、この大久保や伊藤は優れたものを持っていたと言わざるをえない。

大久保の盟友、西郷隆盛は大人物ではあったが、政治家向きではないと伊藤は見た。

西郷は非常に人望があった人物であった。そのため廃藩置県や廃刀令は、西郷なくして実現できないところがあったのでうまく利用されてしまった。しかし、大久保や伊藤からすると、その後の政治からは去って欲しい人物であったのだ。そこからいわゆる〝征韓論〟の悲劇は生まれたのだと思う。

政治は清濁併せ飲まなければならないところがある。とくに近代政治ともなれば、そうだろう。西郷は、伊藤や大隈重信、山県有朋などが豪勢に遊蕩する姿を見て、何のための維新だったのかと涙を流した。しかし、もちろん限度を守らねばならぬが、政治には、そのようなことも必要となろう。伊藤からすると、かつての師の吉田松陰も、純にして過激すぎる人だと思えたようだ。

伊藤博文（いとうひろぶみ）

1841年〜1909年。長州藩（現・山口県）出身。松下村塾に学び、幕末期の尊王攘夷・倒幕運動に参加する。維新後は明治新政府内で力を伸ばし、初代総理大臣に就任。大日本帝国憲法起草の中心的な役割を果たす。総理大臣辞任後は、初代枢密院議長、初代貴族院議長、韓国統監府初代統監などを歴任。明治42年、ハルビン駅で安重根のテロによって暗殺される。68歳没。

Prime Minister

11代

桂 太郎

一日に十里の路を行くよりも、十日に十里行くぞ楽しき

注釈

「地道に努力を重ね、着実に進歩していくことの中に楽しみを見出す」という意味。ドイツ留学時に作った歌。

桂太郎は日露戦争時の総理大臣である。

当時は小物内閣などと言われたが、それは、伊藤博文や山県有朋らがまだ活躍していた時代であるからそう思われてもしかたがなかった。伊藤や山県はほんのわずかな期間でも松下村塾に学んだため、幕末の英雄としてのネームバリューがあった。

桂は、伊藤や山県よりもほんの少し若かったため、直接は吉田松陰に学んでいないが、おじの中谷正亮は松下村塾のスポンサーの一人であったため、長州閥からの引きがあって、割に順調な人生ではあったと言えよう。しかも明治天皇の信頼も厚かった。

そして、ここの言葉にあるように、一気に飛躍する大英雄たち(たとえば吉田松陰や西郷隆盛、大久保利通など)のようにはいかない凡才の自分かもしれないが、それはそれでやりがいと楽しさがあると考えた。コツコツと地道に努力し、着実に進んでいくことの中に自分の人生の楽しみを見出したのだ。

人それぞれの人生のあり方がある。私たちも桂が言うように自分にふさわしく、しかも楽しい方法を見つけていきたいものだ。

桂 太郎(かつらたろう)
1848年~1913年。長州藩(現・山口県)出身。戊辰戦争に従軍。維新後、ドイツ留学を経験したのち陸軍大尉となる。兵制改革に貢献し、陸軍次官、台湾総督、陸軍大臣などを経て、総理大臣に就任。日露戦争を勝利に導く。ニコニコしながら肩をポンとたたいて相手の気持ちをつかもうとしていたことから、「ニコポン宰相」と呼ばれていた。65歳没。

Prime Minister

12代 西園寺 公望

いやしくても
大命を拝して宰相となるならば、
鼻で三斗の酢を飲むの苦を
味わう覚悟がなければ
宰相たるの資格はない

韓国大統領は、晩年になると暗殺されたり、退職後は自殺したり投獄されたり、散々な目に遭うことが多い。最近も朴槿恵大統領が一連のスキャンダルで大もめしており、次の大統領も大変な覚悟がいる。それでも、政治家たるものトップをめざすものだ。

韓国大統領ほどではないにしても、明治から大正、昭和の初めは、日本の総理大臣も大変であった。いつ暗殺されるかもしれないからだ。

しかし、やはり政治家を志す者は、西園寺公望の言うような強い覚悟を持ち、たとえ大変な目に遭っても国のためにやるんだという使命感に燃えていた。

今、再評価されている田中角栄も、最初は支持率が高かったものの、マスコミの総攻撃もあって人気が急落していった。

首相、宰相というのは、悪く言われても正しいと思うことをやり通す強さがいる。そのご褒美は何だろうか。歴史に名を残すことと、国力の向上であろう。やはりやりがいはある。

西園寺公望（さいおんじきんもち）
1849年〜1940年。現・京都府出身。清華家の一つ徳大寺家の次男として誕生する。戊辰戦争に従軍。維新後、フランスへ10年間留学した後、東洋自由新聞を創刊する。その後、オーストリア、ドイツ、ベルギー各国の駐在公使などを経て、文部大臣、外務大臣、枢密院議長などを歴任する。立憲政友会旗揚げに参画し、後に総裁に就任。以後、桂太郎と交互に総理大臣を務める。後に公爵。90歳没。

Prime Minister

13代

桂 太郎

平和を克復したるならば、
きっと国民は其の条件に満足せざるべし。
故に自分一身は犠牲に供する覚悟なり。
其の際には西園寺を奏薦したき決心なり

桂太郎は3回首相をやっており、その在任期間は今のところ、歴代で1位である。そして、佐藤栄作、伊藤博文、吉田茂と続く。もし安倍晋三首相が吉田茂（高知県出身）を抜くと、歴代1位から4位までが山口を地盤とする政治家ということになる（もっとも安倍氏は東京生まれ）。

これはやはり、長州の吉田松陰の松下村塾の存在が大きかったのであろう。歴代10位の長さの山県有朋も伊藤博文も、わずかな期間ながら松下村塾に学んだことが大きかったようだ。桂太郎にしても、年齢的にまだ松下村塾に入れなかったが、おじが松下村塾のスポンサー的存在の中谷正亮ということが有利に働いた。松下村塾を尊敬すること篤く、自分の墓は松陰神社の横に立てるように遺言している。

桂太郎は日露戦争時の首相であるが、戦争の終結に仲介の労を取ったアメリカのルーズベルト大統領の策略もあって（日本にとってあまり有利な条件にしたくないというもの）、講和の条件は国民が不満に思うものとなった。しかし、桂はそのことをよく理解したうえで、自らの政権を犠牲にしてまで、講和すべきと判断した。日本の国力のことをわがこと以上に心配していたのである。

桂 太郎（かつらたろう）
1848年～1913年。長州藩（現・山口県）出身。戊辰戦争に従軍。維新後、ドイツ留学を経験したのち陸軍大尉となる。兵制改革に貢献し、陸軍次官、台湾総督、陸軍大臣などを経て、総理大臣に就任。日露戦争を勝利に導く。ニコニコしながら肩をポンとたたいて相手の気持ちをつかもうとしていたことから、「ニコポン宰相」と呼ばれていた。65歳没。

Prime Minister

14代

西園寺 公望

いろいろやってみたが、結局、人民の程度以上にはならなかった

西園寺公望の言っていること自体は、古今東西の歴史を見ればその通りであるといえる。

ただし、西園寺が口にすると、何か自分の能力を上に見て、日本国民を少々バカにしてはいないかと思える。

もちろん西園寺の気持ちもわからないではない。

というのも、西園寺は公家の出で、良いとこの育ちだし、若いころフランス留学を10年もやっており、欧米人の社会を、自分の基準にしたところがあったと思えるからだ。

見方にもよろうが、当時フランスのモンテスキューに始まる三権分立やイギリスの議院内閣制は、日本よりも進んでいたのは確かであったろう。日本は明治維新からまだ50年もたっておらず、しかも軍部を抑えるしくみができていなかったのである。

国民も民主主義、国民主権と日本人のこれまでのあり方をどこでうまく調整していくか、よくわかっていなかった。

日本も今では世界でもかなりいいレベルとなっているが、油断すると、その国民のレベルが他のアジアのごとくなってしまう危険もある。国民のレベル向上のためにも、スマホだけでなく本を読む国民であり続けたいものである。

西園寺公望（さいおんじきんもち）
1849年〜1940年。現・京都府出身。清華家の一つ徳大寺家の次男として誕生する。戊辰戦争に従軍。維新後、フランスへ10年間留学した後、東洋自由新聞を創刊する。その後、オーストリア、ドイツ、ベルギー各国の駐在公使などを経て、文部大臣、外務大臣、枢密院議長などを歴任する。立憲政友会旗揚げに参画し、後に総裁に就任。以後、桂太郎と交互に総理大臣を務める。後に公爵。90歳没。

Prime Minister

15代

桂 太郎

日英同盟発表は全世界に驚愕せしめたり

桂太郎は、日露戦争時の総理大臣であった。

桂は自伝を著しているが、その性質上、自分に都合よく書くのは致し方ない。

あるいは、人に読まれることを意識しすぎてつまらぬ見栄も出がちである。

自分の子孫に言い残しておきたいようなことを書いているところは、アメリカ建国の父、ベンジャミン・フランクリンの名著と言われる『フランクリン自伝』を意識したのかもしれない。

桂の自伝の中でも、ひときわ、光を放つのは日英同盟締結の成功のところと、日露戦争の勝利、講和の苦心談である。日本という国を背負っていたという高揚感と達成感が気持よく描かれている。そこには責任感があったことが強調されている。

それはそうだろう。長らく世界をリードしてきたイギリスと同盟を組むことができ、大国ロシアを破ったのである。いくら自慢してもし足りないくらいだ。

孫子も「兵を知る将は、生民の司命、国家安危の主《しゅ》なり」という。対外戦争のこと、外交、同盟のことをよくするリーダーが国の宝である。桂はその点本当によくやったと思う。

桂 太郎（かつらたろう）
１８４８年～１９１３年。長州藩（現・山口県）出身。戊辰戦争に従軍。維新後、ドイツ留学を経験したのち陸軍大尉となる。兵制改革に貢献し、陸軍次官、台湾総督、陸軍大臣などを経て、総理大臣に就任。日露戦争を勝利に導く。ニコニコしながら肩をポンとたたいて相手の気持ちをつかもうとしていたことから、「ニコポン宰相」と呼ばれていた。65歳没。

大正

The Word of Prime Minister

Prime Minister

16代

山本　権兵衛

功労者は、勲章をやればいいのです。実務につけると、百害を生じます

注釈　山本権兵衛は、明治維新の功労により海軍内で重要なポジションに居座っている者を外し、代わりに海軍兵学校卒業者にそのポストを任せた。来るべき日露戦争を想定して、近代海軍をつくるためであった。

山本権兵衛は日露戦争の時、ロシアのバルチック艦隊をパーフェクトに破った、日本海軍の生みの親である。

何といっても海軍大臣として連合艦隊司令長官に東郷平八郎を選んで置いたという大殊勲を立てている。また、後に参謀として大活躍した秋山真之や軍神となった広瀬武夫などを海軍留学させて、日本海軍がロシア海軍に勝てるように準備した。

山本が海軍とかかわるようになったのは、同郷（鹿児島の下加治屋町）の西郷隆盛が勝海舟に紹介してくれたことによる。司令長官になる東郷も下加治屋町出身で、西郷の後押しでイギリス留学をしていた。

さて、いよいよ日露戦争の時、誰を連合艦隊長官に据えるかが問題となった。山本は鹿児島時代からの親友の日高壮之丞《ひだかそうのじょう》を切って、それまで大して目立たなかった東郷を長官にした。その理由はまさにここの言葉にあった。上下一体となって戦うには東郷のように秋山参謀たちと信頼関係を築き、海軍本部ともうまく連携が取れる人物が求められたのだ。

山本は、明治天皇に対して、東郷を選んだ理由を「東郷は運がいい男」とだけ答えたという有名な話も残っている。

山本権兵衛（やまもとごんのひょうえ）
１８５２年～１９３３年。薩摩藩（現・鹿児島県）出身。海軍兵学寮卒。「天城」「高雄」「高千穂」の各艦長を務める。日露戦争の全期を含む約８年間、ほぼ継続して海軍大臣を務め、後に海軍大将となる。大正２年、総理大臣に就任するが、シーメンス事件により辞職。大正12年、加藤友三郎総理大臣の急逝直後、さらに関東大震災発生の翌日という混乱のさなかで、再び山本内閣が成立するが、虎ノ門事件の影響により辞職する。海軍拡大政策に貢献したことから「日本海軍の父」と呼ばれる。81歳没。

Prime Minister

17代

大隈 重信

1. 怒るな
2. 愚痴をこぼすな
3. 過去を顧みるな
4. 望《のぞみ》を将来に置け
5. 人のために善をなせ

毎日眺め、かつ自分に言い聞かせたい言葉五つである。

大隈重信の五つの戒めは、結局のところ、いろいろ言いたいことはたくさんあるだろうが、それはそれとして、せっかくいただいたこの人生を大いに意義あるものにしていこうではないかというところに本分があろう。

「怒るな」「愚痴をこぼすな」「過去を顧みるな」は、私たちも是非気をつけたいことである。誰でも、ついこのようなことをしてしまいがちである。それでは、縮こまった小さな人生となってしまう。それより、もっと大きく、もっと楽しくやれる方法がある。しかも世に役立ち、人間的にも豊かになれる。それが「望を将来に置け」「人のために善をなせ」というものである。

大隈が創立した早稲田大学の本部構内で筆者が一番素敵だと思う建物が會津八一記念博物館である。會津八一は自宅に学生を預かっていたが、その時の学則を今も日々口にする人も多いという。この学則は「一、深くこの生を愛すべし　一、省みて己《おのれ》を知るべし　一、学芸を以《もっ》て性を養ふべし　一、日々新面目あるべし」である。やはりこの生を愛せと前向きである。

大隈重信（おおくましげのぶ）

1838年～1922年。佐賀藩（現・佐賀県）出身。明治新政府では参議などを務めるが、明治14年の政変で失脚し、立憲改進党を結成する。明治31年には板垣退助らと憲政党を結成し、総理大臣に就任。「隈板内閣」を組織する。辞任から16年後に再就任し、このブランク期間は歴代最長記録である。また、二度目の総理大臣退任時の年齢は満78歳6か月で最高齢記録。東京専門学校（現・早稲田大学）の創立者でもある。二度の暗殺危機があり、片足切断の重傷を負った。83歳没。

Prime Minister

18代 寺内 正毅

小早川　加藤　小西が世にあらば
今宵の月をいかに見るらん

注釈　朝鮮総督府の初代総督に就任した際のパーティーで詠んだ歌。16世紀末に秀吉は二度に渡る朝鮮出兵を行った。出兵に参加した小早川隆景、加藤清正、小西行長などの武将は失敗し帰国したとされている。この三人がこの夜の月を、どんな思いで眺めるだろうかといった意味の歌である。

寺内正毅は、日露戦争の陸軍大将であった。

陸軍においては、大山巌大将、児玉源太郎参謀長とともに勝利に貢献した。

児玉と同い年ではあるが、寺内は若いころ西南戦争で右手を負傷して以来、軍政畑で活躍した。

一方の児玉は参謀として戦いの作戦ではその才能をいかんなく発揮した。ドイツ陸軍から教官としてやってきていたメッケルは児玉がいる限り日本がロシアに勝つと信じていたという。

寺内はその後、韓国併合を推し進めた人物の一人で、朝鮮総督府の総督に就いている。

総督府の設立パーティで詠んだ歌が右のものであるが、戦国武将の大人物をこけにしているような、見識の低さを表現してしまっている。しかも韓国併合という、日本にとっても全く無駄で後に弊害でしかなかったことを、いかにも大きな手柄と錯覚しているような、まったく先見力のない人物であることを示している。

大隈重信の後の首相だが、大隈に比して人物的には小さかったと言わざるをえない。

寺内正毅（てらうちまさたけ）
1852年〜1919年。長州藩（現・山口県）出身。戊辰戦争に従軍。西南戦争で負傷し、右手の自由を失う。明治15年、公使館付武官としてフランスに留学。帰国後、陸軍士官学校長、初代教育総監、参謀本部次長、陸軍大臣などを経て初代朝鮮総督に就任し、武断統治を行う。大正5年、総理大臣に就任し、政党の存在に左右されない「超然内閣」を組織するが、米騒動により総辞職。67歳没。

Prime Minister

19代

原 敬

もし日本に欠点ありとすれば寧《む》ろ《し》謙譲に過ぎ、遠慮に失する

知り合いのアメリカ人教授に、謙虚すぎるのは、よくないと度々言われたものだ。

アメリカに住み、アメリカ人をはじめ様々な国の学生を相手にしていて感じるのは、日本人は大人しい、謙虚すぎる、遠慮しすぎるということであるという。

確かに、筆者が東南アジアで仕事をしていても、中国人や韓国人に比べると、日本人がすいぶんと大人しく見えた。

しかし、そんな日本人であるのに、20世紀に、有色人種を低く見てあごでこき使う欧米の白人たちと対等に戦い、負けはしたものの、21世紀の人種平等の世界への道筋をつくった。

また、東南アジアでは華僑資本が強いと言われているように、現地人は概して中国人にはなぜか表面上、頭が上がらない。だが、日本人は誰をも恐いとも何とも思わない。日本人は世界の人から見ると、不気味でわからないところがあるようだ。原敬が言ったように謙虚に過ぎ、遠慮に失するところから誤解を受けやすい。しかし、この謙譲心があるから、秩序ある社会をつくることができているのも事実である。

原敬（はらたかし）

1856年〜1921年。盛岡藩（現・岩手県）出身。外務次官、大阪毎日新聞社社長などを経て、立憲政友会の創立に参加し、幹事長を務める。その後、逓信大臣、内務大臣、立憲政友会総裁などを歴任し、総理大臣に就任。陸軍大臣・海軍大臣・外務大臣を除く、すべての大臣に原敬自らが率いる立憲政友会の党員を起用したことから、日本初の本格的政党内閣と言われる。元老の藩閥勢力に対抗し、爵位の受け取りを固辞し続けたため、「平民宰相」として世論の支持を得た。東京駅で18歳の少年により暗殺される。65歳没。

Prime Minister

20代 高橋 是清

栄枯盛衰は人生の常である。
順境は、いつまでも続くものではなく、
逆境も、心の持ちよう一つで、
これを転じて順境たらしめることも出来る。
逆境の順境は、心の構え方一つで、
どうにでも変化するものである

高橋是清は〝ダルマ宰相〟と呼ばれ、その人生はまるで〝だるまさん〟のように七転び八起きで、不屈の精神でいつも甦った。そして単に甦るだけでなく、日本の国を何度も救うなどの力を発揮したのである。

日露戦争の時には莫大な戦費を準備するためにイギリスに渡って、何とか国債を引き受けてもらっている。

また、井上準之助大蔵大臣の金解禁政策でがたがたになった日本経済を、まだケインズ経済学が現れる前に、その理論を使ったかのような積極財政による経済建て直しに功があった。

最近の日本経済の「失われた20年」と呼ばれるデフレ経済を建て直すために、「高橋是清に学べ」という論者も多く出た。

是清の特徴は、豊かな海外経験に学識の深さ、そして精神の強さにあった。経済学者の小室直樹博士は、是清にはいわゆる〝立志コンプレックス〟があったという。つまりどんなことになろうと、自分の人生は明るくて、幸せいっぱいで、何とかなると小さいころから信じ切っていたというのである。

高橋是清（たかはしこれきよ）
1854年～1936年。現・東京都出身。ヘボン塾（現・明治学院大学）に学ぶ。英語教師を務め、文部省、農商務省の官僚としても活躍した後に、日銀に入行。後に総裁となる。その後、大蔵大臣などを経て、総理大臣に就任。辞職後も農商務大臣、大蔵大臣などを歴任する。その容貌から、「ダルマ蔵相」「達磨」と呼ばれていた。昭和26年から昭和33年にかけて発行された50円券の肖像となり、歴代日銀総裁の中で唯一、肖像が日本銀行券に使用された人物。昭和11年の二・二六事件において、赤坂の私邸で反乱軍の襲撃を受け、青年将校に射殺される。81歳没。

Prime Minister

21代

加藤 友三郎

国防は軍人の専有物にあらず

注釈 日本首席全権委員として、ワシントン海軍軍縮条約に参加した際、随行員だった堀悌吉中佐に口述筆記させた、海軍省宛の伝言の一節。

加藤友三郎は軍人としても政治家としても優れていた。

日露戦争の日本海海戦の時は、参謀長でありながら秋山真之に作戦を自由に立てさせている。普通の上司ではない。東郷平八郎と、秋山の間で作戦がスムーズにいくようにした。決して目立つようなことはしていない。外交家としても海外との軍縮交渉で功があって、外国からも信頼された。

この言葉は、アメリカとは絶対戦争をしてはいけないことを論じた、出だしのものである。

もしアメリカと戦争をするなら、ロシアとの戦争とは比べものにならないほどの戦費がいる。日本は経済においてアメリカなしでは成り立たない。だから今、国力を考えると戦争などできないという、当たり前のリクツを言っている。このような正論が言いづらい風潮をつくった軍部、マスコミ、政治家たちは日本の未来に対して大罪を犯した。

一方で、私たち個人が病気にならないために（命を失わないために）体の健康に気をつけるのと同じく、国の存立を守るために国防のことをいつも考えておかねばならないのも当たり前のリクツなのである。

加藤友三郎（かとうともざぶろう）
１８６１年～１９２３年。広島藩（現・広島県）出身。海軍大学校卒。日清戦争では巡洋艦「吉野」の砲術長を務め、日露戦争では連合艦隊参謀長兼第一艦隊参謀長として日本海海戦に参加。その後、海軍次官、海軍大臣、海軍大将などを務め、ワシントン会議には日本首席全権委員として出席。総理大臣就任後は、シベリア撤兵、海軍軍縮条約の履行などに尽力する。東郷平八郎、山本権兵衛とともに「海軍の三祖」と呼ばれる。また、海軍でも一、二を争うほどの酒豪として知られた。在任中に大腸がんにより死去。62歳没。

Prime Minister

22代

山本 権兵衛

東京を復興するの努力如何は
世界列強の環視する所、
我が邦《くに》の実力如何を知るの試金石、
またここに在り

注釈
関東大震災が起こった直後に話したもの。

2011年3月11日に起きた東日本大震災は、日本に甚大な被害をもたらした。

時の総理大臣のあわてぶりとおかしな指示に批判も多かったが、冷静で前向きに協力しつつ復興に取り組む国民の姿に、世界は驚いた。

明治維新の契機となったアメリカのペリー来航であるが、実はこの時も大地震が起きている。

ペリーは、本国議会に報告書を出しているが、注目すべき三つのことを書いている。

第一は、吉田松陰が密航、留学の願いを出してきたが、日本人のその好奇心と気概の高さに、未来への希望を見ている。

第二に、日本人のその技術力の高さに驚き、100年後、アメリカが負けはしないかと心配している。

第三に、その大地震にめげない不屈の精神力に驚いている。人々は、運命を嘆かず、雄々しく立ち向かい、再興に向かっているとした。

山本権兵衛は関東大震災の時、世界が注視していると励ました。日本人は見事にそれに応えている。

山本権兵衛（やまもとごんのひょうえ）
1852年～1933年。薩摩藩（現・鹿児島県）出身。海軍兵学寮卒。「天城」「高雄」「高千穂」の各艦長を務める。日露戦争の全期を含む約8年間、ほぼ継続して海軍大臣を務め、後に海軍大将となる。大正2年、総理大臣に就任するが、シーメンス事件により辞職。大正12年、加藤友三郎総理大臣の急逝直後、さらに関東大震災発生の翌日という混乱のさなかで、再び山本内閣が成立するが、虎ノ門事件の影響により辞職する。海軍拡大政策に貢献したことから「日本海軍の父」と呼ばれる。81歳没。

Prime Minister

23代

清浦 奎吾

人生、ぬらりと生きてひょんと死ぬ。
そんなものじゃあないのかね

清浦奎吾は、一見これといって何か優れたところのある人ではないように見える。生活も質素であった。たまたま山県有朋に可愛いがられ、山本権兵衛内閣がいわゆるシーメンス事件で倒れた後、次の加藤高明内閣が成立するまでのわずか5ヵ月間を首相として働いた。言わばつなぎの総理大臣である。

だから人はこれを〝鰻香内閣《まんこうないかく》〟と呼んだ。つまり、ウナギのかば焼きの香りだけだったということだった。バカにした評価だ。

このように、〝肥後もっこす〟には思えない、淡々とした人生を送った清浦だが、92歳まで生きている。その伝記が、大歴史家・徳富蘇峰の監修で出ている。それほどの人物だったのだろう。

清浦の生き方を見ると、中国古典「菜根譚《さいこんたん》」の次の一説が思い出される。

「髪落ち歯疎《はまばら》にして、幻形《げんけい》の彫識《ちょうしゃ》に任《まか》せ、鳥吟《とりぎん》じ花咲《はなさ》いて、自性《じせい》の真如《しんにょ》を識《し》る」

（人は誰でも歳を取り、いずれ髪もなくなり歯も欠けていき、やがて幻のように肉体も滅ぶ。一方で鳥は鳴き、花は咲く、この自然は続く。この中ではちっぽけな自分だけど、淡々と、しかし精一杯に生きよう）

清浦奎吾（きようらけいご）
1850年～1942年。肥後藩（現・熊本県）出身。上京して埼玉県官吏を務めた後、司法省、内務省などで活躍する。その後、貴族院議員、司法大臣、農商務大臣、枢密顧問官などを歴任。大正3年、組閣の大命降下を受けながら、海軍大臣を得られずに大命を辞退する。うなぎの匂いだけで実際には味わえなかったとして、世間では「鰻香内閣」と呼ばれた。後に枢密院副議長、同議長などを経て総理大臣に就任するが、総選挙で大敗し、総辞職。92歳没。

Prime Minister

24代

加藤 高明

なすはなさざるに優る

注釈

貴族院改革について、貴族院本会議での答弁で述べた。

加藤高明は、大正デモクラシーが盛んなころ総理大臣となっている。

イギリスに留学した経験もあり、イギリス流の立憲政治の定着を目指した。普通選挙法を成立させているが、同時に治安維持法も成立させている。

東京帝国大学出身の初の総理大臣である。

大学卒業後は、薩長藩閥の官界、政界を嫌って三菱に入っている。とても才能を見込まれたのであろう。岩崎弥太郎の長女を妻にしている。

そのまま三菱にいれば大経営者となっていたのであろうが、彼の信条の一つはここにあるように「なすはなさざるに優る」であるから、自分がやるべきと思えば、すぐに実行に移す人であった。

官界そして政界入りして、外務大臣や駐英大使を歴任してイギリスとの協調外交を確立した。このことは、日本にとっても大きな力となった。日露戦争は日英同盟なしには戦えないものだったからだ。

正しいと思われ、やるべきことがわかったならば、とにかく実行せよという加藤の信念は、人のみならず国をも救う鉄則であるようだ。

加藤高明(かとうたかあき)
1860年〜1926年。尾張藩(現・愛知県)出身。下級藩士の次男として生まれるが、旧東京大学(後の東京帝国大学、現・東京大学)法学部を主席で卒業し、法学士の学位を授与される。その後、三菱に入社し渡英。帰国後は、三菱本社副支配人の地位につき、岩崎弥太郎の長女・春路と結婚する。官界に転じた後は、外務大臣大隈重信の秘書官兼政務課長、在ロンドン英国公使、外務大臣などを務め、日英同盟の推進に尽力した。大正13年、総理大臣に就任するが、翌年に肺炎をこじらせて死去。66歳没。

Prime Minister

25代

若槻 礼次郎

もし自分の尽力によって、
なんとかまとまりがつくならば、
自分の生命と名誉の如きは、
何とも思わない

注釈
ロンドン海軍軍縮条約の調印式を回想しての言葉。

若槻礼次郎や濱口雄幸、犬養毅などが総理大臣をした時期というのは、大正末期から昭和の初めに至る日本の歴史の中でも大変に困難な時代であった。

いつの時代も大変ではあるが、武力闘争で問題解決を図ることのできる戦国時代とは違う。なのに軍部は日露戦争勝利後、調子づいており、しかも、維新の英雄とは違う、ほとんど試験エリートの官僚でもあったから始末が悪かった。

世界を見回しても、不景気が進む中で、日本の台頭を面白く思わない欧米先進国との折り合いをつけていかなければならなかった。

一方、国内では、煽ることだけで売り上げを伸ばそうとする新聞しか情報手段のない国民が、政府の弱腰を責めた。

若槻たちは軍縮会議で、粘りながらも、欧米の主張を入れてまとめることで国益を守ろうとした。しかし、これには、軍部や新聞や国民の納得は期待できなかった。まさに自分の生命と名誉など何とも思わなければできないような仕事であった。そう言い切った若槻を私はとても偉いと思うのである。

若槻礼次郎（わかつきれいじろう）

１８６６年～１９４９年。松江藩（現・島根県）出身。帝国大学（現・東京大学）法科大学卒。大蔵省に入省し、主税局長、大蔵次官などを経て、貴族院議員となる。その後、大蔵大臣、内務大臣などを務め、普通選挙法の成立に尽力した。大正15年に総理大臣に就任するが、昭和金融恐慌の対策を誤り、内閣総辞職。ロンドン海軍軍縮会議首席全権などを経て、昭和６年に再び総理大臣となるが、満州事変の影響を受けて辞任。日米開戦に反対し、開戦後は和平派の立場をとった。83歳没。

昭和

THE WORD OF PRIME MINISTER

Prime Minister

26代

田中義一

軍隊教育は単に指揮刀を振りまわして
訓練するだけではダメである。
また殴る蹴るの百害あって
一利なきものであるから、
爾今《じこん》一切そのようなことはまかりならぬ

注釈 歩兵第3連隊長となった際、将校たちを前にして話した言葉。

田中義一は山口県萩の出身で、日露戦争時に陸軍参謀として児玉源太郎の側近であった。また、戦争前は広瀬武夫とともにロシアに留学した秀才である。広瀬は戦死し軍神となったが、田中は陸軍大将から政治家の道へと進んだ。

田中義一は首相として庶民に人気があった。「オラが」というのが口ぐせで、そこからヒントを得てサントリーは「オラガビール」をつくっていた。昭和の田中角栄は新潟の出身だが、その人気といい、似ている面がある。

総理在任中に張作霖爆殺事件が起きている。関東軍によるものだとされているが、未だに真相はわからないところがある。

しかし、軍の増長や対外的強硬策、とくにアメリカの目などを気にして（絶対にアメリカと戦争をしてはならないため）、昭和天皇は田中をお叱りになった。

田中はこれにショックを受けた。責任を取り、以後は元気をなくし、65歳で死んだ。

「体罰をやめよ」と、陸軍大学出身者として正しいことを言うなどの熱血漢・田中を失ったのは、日本として惜しいことだった。とても難しい時代の政治家の悲劇である。

田中義一（たなかぎいち）
1864年〜1929年。萩藩（現・山口県）出身。陸軍大学校卒。日清戦争従軍後、ロシアへ留学。日露戦争では満州軍参謀として活躍する。陸軍省軍事課長、軍務局長などを経て参謀次長となり、シベリア出兵に関与。その後、陸軍大臣、陸軍大将となる。退役後、立憲政友会総裁、貴族院勅選議員などを経て、総理大臣に就任。山東出兵の推進などを果たしたが、張作霖爆殺事件の責任を取り、総辞職した。65歳没。

Prime Minister

27代

濱口 雄幸

政治は国民道徳の最高水準たるべし

濱口雄幸はライオン宰相とも言われ、国民に人気があった。しかし、土佐人の特質なのか頑固者であった。正しいと思えば、正々堂々と主張し、根回しなどは好まず、正面突破を図った。その意味では、日本には珍しいタイプの政治家かもしれない。

濱口は、経済政策では、緊縮財政、金解禁などを行ったが、後世では失敗だったと言われる。これを建て直したのが高橋是清主導の積極財政であった。

外交面では、同時代の若槻礼次郎とともに、英米協調にしか日本の生きる道はないとした。日本の国力はまだ英米と対等に互していける強さではなかったのを、よく知っていたのだ。

政治というのは、その国民のレベル以上のものはできないという鉄則もよくわかっていた。だからこそ、「政治は国民道徳の最高水準たるべし」と言ったのだ。そうしないと国民道徳は堕落するからだ。最高水準のものを行うよう努力し、そうしていれば国民道徳のレベルが上がり、ひいては政治もよくなっていくことになると考えたのだ。

濱口雄幸（はまぐちおさち）
1870年〜1931年。土佐藩（現・高知県）出身。帝国大学（現・東京大学）法科大学卒。大蔵次官などを務めた後、立憲同志会に参加し、衆議院議員、大蔵大臣、内務大臣などを経て、総理大臣に就任する。ラジオを通じて国民に直接自身の政策を訴えた初めての総理大臣。61歳没。

Prime Minister

28代

若槻 礼次郎

我が妻よ、
御身《おんみ》もし余を愛するならば、
余に話しかけて
余の仕事を妨げる勿《なか》れ

若槻礼次郎は骨のある人であった。

83歳で亡くなっているが、ロンドン海軍軍縮会議の首席全権として活躍した、平和主義者でもあった。

平和主義というより、まず日本の国力を考えようよということである。

軍縮会議は、いつものようにイギリス、アメリカの都合のよい考えを推進するために行われている。それは不合理ではあろうが、国力のない日本がそこで気ばったとしてもしょうがないところがあると判断したのだ。

「骸骨が大砲を引っ張っても仕方がない」との名言を遺している。北朝鮮の金正恩に聞かせてやりたい言葉だ。しかし、軍部、右翼からは目の敵《かたき》にされた。

そんな若槻は、その事務能力が優れていることでも有名だった。当然、首相であるから多くの文書がまい込む。夜、家でもそれを処理した。こんな時、奥様は大変だ。

妻や恋人との会話はとても大切である。ただ、長い夫婦関係であると、お互いの人生のペースにも配慮が求められる。若槻の妻は理解ある人だったのだろう。

若槻礼次郎（わかつきれいじろう）
1866年～1949年。松江藩（現・島根県）出身。帝国大学（現・東京大学）法科大学卒。大蔵省に入省し、主税局長、大蔵次官などを経て、貴族院議員となる。その後、大蔵大臣、内務大臣などを務め、普通選挙法の成立に尽力した。大正15年に総理大臣に就任するが、昭和金融恐慌の対策を誤り、内閣総辞職。ロンドン海軍軍縮会議首席全権などを経て、昭和6年に再び総理大臣となるが、満州事変の影響を受けて辞任。日米開戦に反対し、開戦後は和平派の立場をとった。83歳没。

Prime Minister

29代

犬養毅

話せばわかる

犬養毅は五・一五事件で暗殺された。

暗殺したのは海軍将校であるが、その時の有名な犬養の言葉が「話せばわかる」であり、海軍将校の「問答無用」であった。

襲撃を受けた後も命があった犬養は女中に「今の暴れ者をもう一度呼んで来い、話して聞かせてやる」と言った。

犬養が話すことには説得力があり、自分でも話には自信があった。何より軍部には、話したいことがたくさんあったろう。

なぜ五・一五事件が起きたのか。

一つは明治憲法の不備をついて、軍がいわゆる「統帥権干犯問題」を理由に政府の言うことを聞かなくなったからだ。

明治憲法には、軍の統帥は天皇の専権事項にあるとしていたのに、ロンドン軍縮会議で条約に調印するのはおかしいと、時の政府にその怒りをぶつけた。

そもそもこの統帥権問題を取り上げ政争の道具としたのは、犬養毅と鳩山一郎らである。

自らが暗殺されたのは歴史の皮肉とも言える。

犬養 毅（いぬかいつよし）
1855年～1932年。庭瀬藩（現・岡山県）出身。慶應義塾（現・慶應義塾大学）中退。郵便報知新聞の記者として西南戦争に従軍する。その後東海経済新報記者などを経て、立憲改進党創立に参画。大同団結運動で活躍する。第1回総選挙で衆議院議員に当選。文部大臣、逓信大臣、立憲政友会総裁などを務める。昭和6年、総理大臣に就任するが、翌年五・一五事件で暗殺される。77歳没。

Prime Minister

30代

斎藤 実

自分は赴任の前、すでに一命は国家に捧げているのであるから、爆弾などは怖いと思わぬ。また爆弾事件があったからといって、統治方針を変えるなどということは断然せぬ

「男子の本懐」とはご存じのように濱口雄幸が首相になった時に、家族に言った言葉である。

「仮令玉砕すとも男子の本懐ならずや」というものである。

西郷隆盛以来というか、武士道の教えによくしたがってというか、日本の政治家は、明治以降、昭和の戦争でアメリカに負けるまで、それこそ命を失うことなど、何とも思っていない。

国のために重要な仕事をしていて死んだとしても（殺されたとしても）〝男子の本懐〟じゃないかというのだ。

斎藤実もそうだった。斎藤は第4代朝鮮総督を務めたが何度か殺されかけている。斎藤自身は朝鮮のことを思った行政を行っていたが（日本よりもお金を使ったところがある）、そもそも他国にかかわる（とくに朝鮮に）のは大間違いの政策だったのだ。

そんな斎藤も、二・二六事件で陸軍将校に殺されている。

テロは絶対許されてはいけない。そのテロなんかに負けない不退転の政治家がいてくれたことは、今の日本にとって大きな影響を与えている。

斎藤 実（さいとうまこと）

1858年〜1936年。仙台藩（現・岩手県）出身。海軍兵学校卒。日露戦争当時は海軍次官。その後海軍大臣となり、海軍の拡充をはかるが、シーメンス事件により辞任。海軍大将、朝鮮総督、枢密顧問官を務めた後、昭和7年、五・一五事件の後「挙国一致内閣（連立内閣）」の総理大臣となるが、帝人事件により内閣総辞職。77歳没。

Prime Minister

31代

岡田 啓介

総理大臣になると、
見えなくなるものが三つある

注釈

三つとは、お金、人間、国民の顔

岡田啓介は連合艦隊長官、海軍大佐、総理大臣という凄い経歴の持ち主だったのに、一生清貧で、首相就任式のハットでさえ借り物だったという。軍人で人気のある山本五十六や瀬島龍三などと比べると、そこまで有名ではないが、これほど大きな仕事をした人もいない。

二・二六事件では難を逃れたが、義弟や高橋是清大蔵大臣を失うなどして傷心の後、首相を退いている。

しかし、後に東條英機内閣を倒すために頑張ったり、アメリカとの戦争を終わらせるために尽力している。

筆者は、岡田の娘婿の迫水久常《さこみずひさつね》氏（いわゆる「玉音放送」を起草した人物の一人）や、二・二六事件で反乱兵士と銃を持って向かい合った警察官の方のお話を聞いたことがあるが、いずれの方も自分の命など、とうに捨ててかかっていたと言っておられた。

日本人のこうした腹のすわった、本物の勇気は、有名でない人にもあるのだと思った。

それにしても岡田は、総理になっても清貧を貫き、本当の人間、国民を見ようとした凄い人だったと思う。

岡田啓介（おかだけいすけ）

1868年～1952年。福井藩（現・福井県）出身。海軍兵学校卒。職業軍人として、日清、日露の両戦争に従軍する。海軍大将、連合艦隊指令長官、海軍大臣などを務めた後、総理大臣に就任。昭和11年、二・二六事件に遭遇するが、秘書官であり、義弟の松尾伝蔵大佐が身代わりとなり、女中部屋の押し入れに隠れていた本人は危うく難を逃れた。おとぼけが得意で、人を喰った答弁などから「狸」とも呼ばれた。太平洋戦争の末期には、重臣として和平工作に尽力。84歳没。

Prime Minister

32代

広田　弘毅

自然に生きて、自然に死ぬ

福岡市天神は九州一の繁華街であるが、その由来は水鏡天満宮であるとされる。その水鏡天満宮は、天神、中洲の繁華街に今もある。天満宮の鳥居に掲げてある「天満宮」と書いた題額は、広田弘毅が小学生の時に書いた字であり、「水鏡神社」とある石碑の字は、17歳の時の字である。広田の父が石屋であり、息子の字がうまかったから自慢でもあったのか、その字を使っている。

広田は小さいころから優秀であった。外務省の同期に吉田茂がいるが、吉田よりもかなり出世が早く、早過ぎたため戦犯として死刑になってしまったと見る人もいる（小説『落日燃ゆ』の城山三郎など）。

広田は文官で唯一、東京裁判で死刑とされた。裁判自体がおかしな論理で行われているが、広田は言い訳をするのをよしとしなかった。自分は「自然に生きて、自然に死ぬ」のだと言っていたという。論語にある「死生は命にあり」だ。

「弘毅」という言葉は、やはり論語にある。広い包容力と強い意志という意味だ。自らが名前をこのように変えたのである。

広田弘毅（ひろたこうき）

1878年～1948年。福岡県出身。東京帝国大学（現・東京大学）法学部卒。外務省に入省し、欧米局長、オランダ公使、ソ連大使、外務大臣などを務める。昭和11年、二・二六事件後の組閣で総理大臣に就任。戦後、A級戦犯となり、極東国際軍事裁判で文官としてはただ一人死刑となった。70歳没。

Prime Minister

33代

林 銑十郎

矯激《きょうげき》を排し、因循《いんじゅん》を戒しめ、時世に適合したる革新を断行する

林銑十郎は、名前も、見た目も（立派なカイゼルひげを伸ばしていた）、経歴も（日露戦争では旅順攻撃に加わっていたし、後に陸軍大学校長や陸軍大将を歴任している）凄い、強もての感じがする。実際は、どうにでもなる人物と見られているし（関東軍参謀の石原《いしはら》莞爾《かんじ》は「自由自在にできる」と言っていた）、新聞や国民は林内閣のことを「何にもせんじゅうろう内閣」と呼んでバカにしていたところがある。実に、4ヵ月間の短命内閣だった。就任演説では〝祭政一致〟を口にし、右の言葉のようなことを説いた。

私は別に問題になるようなことを言っていると思わないが、当時でさえも〝祭政一致〟とは憲法違反じゃないかとの指摘も多かったようだ。

現行憲法でも〝政教分離〟とされているので、林のように〝祭政一致〟など口にすると、すぐにマスコミは大騒ぎし、辞任させられるだろう。

しかし、アメリカなどを見てわかるように、キリスト教のもとに大統領は宣誓し、政治をすすめているし、厳密な政教分離というのは難しいだろう。

林銑十郎（はやしせんじゅうろう）

1876年〜1943年。石川県出身。陸軍大学校卒業。日露戦争に従軍。陸軍大学校校長、近衛師団長、朝鮮軍司令官、陸軍大臣、陸軍大将などを経て、総理大臣に就任する。政党を除外し、祭政一致を掲げた内閣であったが、議会での審議が滞り、議会を解散。総選挙で野党が圧勝したため内閣総辞職に追い込まれ、4ヵ月間の短命内閣となった。66歳没。

Prime Minister

34代

近衛 文麿

僕は支那事変以来多くの政治上過誤を犯した。之に対して深く責任を感じて居るが、いわゆる戦争犯罪人として米国の法廷に於て裁判を受ける事は堪え難い事である

近衛文麿は、支那事変あたりから、世界も日本も第二次世界大戦に突入し、大変な時代となっていく中で、日本のエリート中のエリートとして、軍部にも官僚にもうまく利用された悲劇の総理大臣であった。

名門の出で、しかも大秀才の彼は主婦から子どもにまでとても人気があった。かつ人間的にも優しいところがあったから、貧富の差をなくしたいという思いもあって、共産主義、社会主義思想に共感していた。ここを若手の軍部や官僚にうまくつけ込まれてしまった。戦後、戦犯とされて裁判にかけられてわが身を反省した近衛は、天皇に言い訳の文章（いわゆる近衛上奏文）を書き、自殺した。

近衛を批判する人も多いが、誰が一体彼を批判できよう。戦争は日本人全体の責任であり、近衛は身代わりである。そもそも東京裁判はおかしな裁判である。

日本人は、東京裁判で一部の軍人や政治家を悪者にして死刑に処し、戦後を仕切り直したが、アメリカの一方的な策略に乗せられただけだ。戦争は、日本人全体と人類全体の責任であった。

近衛文麿（このえふみまろ）
1891年～1945年。東京府（現・東京都）出身。五摂家筆頭（公家最高）の家柄の生まれ。京都帝国大学（現・京都大学）法科大学卒。貴族院公爵議員、貴族院副議長、同議長などを務めた後、大臣経験もないまま45歳の若さで総理大臣に就任。新体制運動の中心人物として、以後3度にわたり総理大臣を務め、大政翼賛会の設立や日独伊三国同盟締結を果たす。戦後、A級戦犯の容疑者として、逮捕直前に自殺。54歳没。

Prime Minister

35代 平沼騏一郎

独ソ不可侵条約に依《よ》り、
欧州の天地は複雑怪奇なる新情勢を生じたので、
我が方はこれに鑑《かんが》み、
従来準備し来たった政策はこれを打ち切り、
更に別途の政策樹立を必要とするに至りました…
輔弼《ほひつ》の重責に顧み、洵《まこと》に恐懼《きょうく》に堪えませぬ。
臣子の分としてこの上現職に留まりますことは
聖恩に狎《な》るるの惧《おそ》れがあります

ノモンハン事件で大敗したと思った日本政府も軍も、ソ連を恐れて日独防共協定を締結してその脅威に備えようとした。

ところが、実は、ノモンハンでは、日本軍が勝っていたことがソ連解体後の資料で明らかになっている。司馬遼太郎や半藤一利、そして学者の多くもソ連に敵わなかったと書いているが、それは間違いである。

また、ドイツとの連合に走っていたが、陸軍もマスコミも外交官も、世界の動き、日本を守り抜く思慮に欠けていた。

平沼騏一郎首相は、独ソ不可侵条約で、対ソ連外交政策を見誤ったため、あっさりと辞職している。

日本の外交官は責任を取らないし、自らが国を背負っているという気概がほとんどない。

なぜなら官僚化してしまっているからだ。

しかし外交は、平和な時でも、戦争をしているのと同じだ。国が潰れるかもしれないほど重要なのだ。せめて私たち国民がしっかりと外交官を見張り、注文を出さなくてはいけない。もちろん政府に対してもである。

平沼騏一郎（ひらぬまきいちろう）

１８６７年〜１９５２年。津山藩（現・岡山県）出身。帝国大学（現・東京大学）法科大学を主席で卒業。東京控訴院判事、東京控訴院部長、大審院検事、司法省民刑局長、司法次官、検事総長、大審院長、司法大臣などを経て貴族院議員となる。その後、枢密顧問官、枢密院副議長、同議長などを経て、総理大臣に就任。戦後A級戦犯として終身禁錮刑となった。84歳没。

Prime Minister

36代 阿部 信行

常識というものは、あくまで専門智識の補助たるべきものであって、断じてこれが専門智識の領域を減じてはならない一般論として阿部信之が言った言葉は正しいと思われる。

これは、「軍人には社会常識が欠けている」という批判に答えたものだ。

ただ、この言葉を正しく生かせるためには、社会基盤のルールが正しく動いていることが前提となる。

軍人は当然、政治分野の専門家ではない。だから軍の考え方はその領域で生かすためであり、軍の考え方や方針を国政にそのまま持ち込むと大変なことになる。

後に阿部信行は首相を経験し、彼自身は、人としての考えをそのまま政治家として行うことはしなかったものの、自分の出身団体の軍がのさばっている現状を憂慮した。

「今日のように、まるで二つの国、陸軍という国とそれ以外の国とがあるようなことでは、到底政治がうまくいくわけはない」

と言ったという。

専門は持つべきだが、それがそのまますべてに応用できると思うのは間違いだ。これを専門バカという。

阿部信行（あべのぶゆき）
1875年～1953年。石川県出身。陸軍大学校卒。陸軍に入り、少佐に昇進。参謀本部員、陸軍大学校教官、オーストリア大使館附武官補佐官などを経て、少将、大将へと出世する。その後、総理大臣に就任する。陸軍内に敵がなく、天皇の受けもよかったことが総理大臣に選ばれた理由とされる。辞職後、翼賛政治会会長、朝鮮総督などを歴任。77歳没。

Prime Minister

37代 米内 光政

人間と言うものは、
いついかなる場合でも、
自分の巡り合った境遇を、
もっとも意義あらしめることが
大切だ

米内光政は、山本五十六、井上成美《いのうえしげよし》とともに、海軍のトップとして、今も人気があり続ける。

一つは、この三人は、アメリカとの戦争に反対し、日独伊三国同盟に反対し続けていた人たちだったこと。

二つめに、米内も山本も色男で、芸者遊びも上手で、女性にはよくもてたためである（米内は色男で、どこに行っても女性たちに追っかけられたという）。

三つめに、部下の中から実松譲《さねまつゆずる》や、海軍の中から阿川弘之という有名な著述家が出て、この三人をほめまくったこと。ついでに言うと昭和天皇も、米内をとてもひいきしていたようだ（特にアメリカとの戦争に反対していたからであろう）。

大臣秘書官だった実松が米内の博識に驚き、どこでそんな知識を得たのかと聞いた答えが右にある言葉だった。

米内は凄い酒飲みであったと同時に読書家でもあった。同じ本を三回くり返して読む主義だったという。

米内光政（よないみつまさ）
1880年～1948年。岩手県出身。海軍大学校卒。日露戦争に従軍。第3艦隊司令長官、第2艦隊司令長官、横須賀鎮守府司令長官、連合艦隊司令長官、海軍大臣、海軍大将などを経て、総理大臣に就任するが、半年後に総辞職。東條内閣が倒れた後、小磯内閣で海軍大臣に復帰。以後、鈴木、東久邇、幣原の各内閣の海軍大臣を務める。太平洋戦争終結、敗戦処理に尽力した。68歳没。

Prime Minister

38代

近衛 文麿

爾《じ》後《ご》国民政府を相手とせず

注釈 第一次近衛内閣の日中戦争収拾、対中国政策に関する声明(近衛声明)より。

ケンカはしない方がいい。だが、どうしてもすべき時はある。前の戦争は、特にアメリカとの戦争は避けられたし、避けるべきだった。ただ、国民全体のうっぷんがたまり、どうしてもアメリカと一戦交えたいという気運が高まっていて、マスコミはそれをあおりまくった。

戦争に負けると一部の軍人のせいにしたり、財閥のせいにしたりもしたが、一番の責任は国民にある。二番目にマスコミであり、三番目に軍部であろう。しかも明治の時代のような力があって骨もある政治家がいなくなっていた。

近衛文麿はその典型である。国民の人気は高かったが、軍部や官僚に踊らされて戦争への道を進めてしまった。これは自分でも言ったように罪が大きかった。

日露戦争は講和の方法まで考え始めていたという。

近衛首相は、軍部でさえ事変不拡大方針をとろうとしていたのに「相手とせず」などとやってしまっている。これでは、世界から「征服しようとしている」と思われてもしかたない。まったく政治、ケンカオンチである

近衛文麿（このえふみまろ）

1891年〜1945年。東京府（現・東京都）出身。五摂家筆頭（公家最高）の家柄の生まれ。京都帝国大学（現・京都大学）法科大学卒。貴族院公爵議員、貴族院副議長、同議長などを務めた後、大臣経験もないまま45歳の若さで総理大臣に就任。新体制運動の中心人物として、以後3度にわたり総理大臣を務め、大政翼賛会の設立や日独伊三国同盟締結を果たす。戦後、A級戦犯の容疑者として、逮捕直前に自殺。54歳没。

Prime Minister

39代

近衛　文麿

新興支那政権の成立発展を期待する

注釈　第一次近衛内閣の日中戦争収拾、対中国政策に関する声明（近衛声明）より。

世の中は、自分の思うように簡単にはいかない。

しかし、未来への希望を持ち、楽観的な心持ちは必要である。でないと、この厳しい世の中を、突き進む力も出なくなるからである。

だから、イギリスの宰相だったチャーチルも、人生で必要な資質は楽観的であることに限ると言った。

楽観的な精神が必要であるとしても、現実は現実だ。

チャーチルは、ドイツに敗れてばかりの現状を何とか脱するためにアメリカの参戦を願い、頼んだ。

そのアメリカは、戦争はしないとの公約でルーズベルトが大統領になったものだから、日本からの宣戦布告と攻撃こそが必要であった。

1941年12月8日、日本がハワイの真珠湾を攻撃した時、チャーチルも、歴史学者トインビーも、「これでイギリスは助かった」と祝杯をあげたという。

一方、近衛文麿は中国相手にあまりにも現実を見なさ過ぎた。ケンカは自分の都合だけでどうにかなるものではない。せっかくの和解の道を自ら閉ざしたのである。

近衛文麿（このえふみまろ）
1891年～1945年。東京府（現・東京都）出身。五摂家筆頭（公家最高）の家柄の生まれ。京都帝国大学（現・京都大学）法科大学卒。貴族院公爵議員、貴族院副議長、同議長などを務めた後、大臣経験もないまま45歳の若さで総理大臣に就任。新体制運動の中心人物として、以後3度にわたり総理大臣を務め、大政翼賛会の設立や日独伊三国同盟締結を果たす。戦後、A級戦犯の容疑者として、逮捕直前に自殺。54歳没。

Prime Minister

40代

東條 英機

今、世界には冷たい風が吹き荒れているが、
意気消沈してはならない。
日本をおおっている暗雲はやがて晴れ、
中秋の名月が拝める日は
必ず再来するであろう

東條英機は明治以降の日本では大悪人の代表のように思われてきた。アメリカとの戦争の第一の責任者（戦争犯罪人）として死刑になった。

マスコミ、学者を中心に、これでもかと東條のことを悪く言った。そのせいか筆者の好きな祖父も、その友人で南方に行っていた人も、東條を批判していた。

その祖父の友人は、東條首相を警備する役を担っていたというが、「あんな悪い奴と知っていたら斬っておけばよかった」と言っていた。

しかしそうだろうか。そんなに彼は悪かったのか。当時の日本人の悪い面のすべてを一人で背負い込んだところがあったのではないか。東條を悪者にすることで、日本人の多くは、罪の意識から逃れたところがあったのではないか。

やはり、東條を首相にしてしまい、陸軍に国のリーダーシップをとらせた私たち国民が一番悪かったと反省するべきである。

東條は、私たち日本人と同じ、日本を信じる、とても真面目な人であった。頑固で一本気すぎるところが、よくなかったのであろうが。

東條英機（とうじょうひでき）

1884年〜1948年。東京府（現・東京都）出身。陸軍大学校卒。関東軍参謀長、陸軍次官、陸軍大臣などを経て、総理大臣に就任。陸軍大臣と内務大臣を兼任する。対米英開戦の最高責任者となり、太平洋戦争を推進したが、戦況不利となった昭和19年に総辞職。戦後A級戦犯として絞首刑。気性が激しく、「カミソリ東條」の異名をとったが、部下思いの一面もあったという。64歳没。

Prime
Minister

41代

小磯 國昭

此の秋に方り、
想を遥かに前線に馳せまするならば、
我が第一線将兵は日夜勇戦力闘、
敵の物量攻勢下に毫《ごう》も怯《ひる》む所なく
士気益々旺盛、眞《まこと》に鬼神を哭《な》かしむる
底の健闘を続け、
随所に敵の野望を破砕《はさい》して居るのであります

アメリカとの戦争では、当初の勢いは衰え、国力の差が次第に現れてきて、サイパン島もアメリカの手に陥ちた。

東條内閣は責任を取って倒れ、小磯國昭が総理大臣となった。

小磯に期待されたのは、和平への足がかりだったろうが、戦いを有利にしてきたアメリカも、他国も、日本を立ち直れないほどにやっつけてからでないと和平する気はなくなっていた。その意味で小磯内閣は、次へのつなぎ内閣として役割を持っていた。

しかし、小磯が就任演説で述べた右の言葉は、今も私たち日本人が忘れてはならないものである。日本軍は戦場で、兵器もみすぼらしく、食料もろくにない中で、アメリカ軍を震え上がらせた。

これは、日本人の仕事への取り組み方と同じである。先人の戦い方を見ていると、ただただ頭が下がる。私たちはわずかに本などで読み、知るだけだが、それでも涙なしには読めない。

最近では『永遠の0』（百田尚樹　講談社文庫）が有名だが、その前にも『静かなノモンハン』（伊藤桂一　講談社文芸文庫）、『散るぞ悲しき』（梯久美子　新潮文庫）などの名作がたくさんある。

小磯國昭（こいそくにあき）
1880年～1950年。栃木県出身。陸軍大学校卒。日露戦争に従軍した後、陸軍士官学校教官、参謀本部員、軍務局長、陸軍次官、関東軍参謀長、第5師団長、朝鮮軍司令官、大将、拓務大臣、朝鮮総督などを経て、総理大臣に就任。戦後A級戦犯として、極東国際軍事裁判で終身刑の判決を受け、服役中に病死。70歳没。

Prime Minister

42代

鈴木 貫太郎

死ぬということは、最も容易な方法で、なんでもないことだ

鈴木貫太郎首相は、アメリカのルーズベルト元大統領が死んだ時、深い追悼の意を送ったものの、アメリカ国民の覇権主義とは、今まで以上に戦うと述べた。

ドイツ人作家でアメリカに亡命していたトーマス・マンは、この鈴木の武士道精神をたたえた。

鈴木は、昭和天皇の信頼が厚く、終戦のために動いた。

戦争終結時の首相であり、いつの時代も心ない質問をするマスコミが「なぜ自刃《じじん》しないのか」と聞いた時、右の言葉で答えている。

事実、鈴木は日露戦争では、魚雷攻撃の鬼として死など怖れなかった。二・二六事件でも撃たれている。それでも自分で役立つことがあればと生き抜いている。

新渡戸稲造は『武士道』の中で徳川光圀の言葉を引用している。「戦場に飛び込み、死ぬのは簡単であって、身分の低い者でも、誰でもできることである。生きるべき時に生き、死ぬべき時に死ぬのが真の男なのである」

鈴木貫太郎は真の男であった。

鈴木貫太郎（すずきかんたろう）

1868年～1948年。関宿藩の飛び地（現・大阪府）で生まれる。海軍大学校卒。日露戦争で日本海海戦に参加。海軍省人事局長、海軍次官、海軍兵学校校長、連合艦隊司令長官などを務める。侍従長兼枢密顧問官在任中の昭和11年、二・二六事件により襲撃を受け、一命を取り留めるが辞職。その後、枢密院副議長、同議長を経て総理大臣となる。総理大臣就任時の年齢は、77歳と2ヵ月で歴代最高齢記録。アジア太平洋戦争（大東亜戦争）を終わらせるために総理大臣になったともいわれる。80歳没。

Prime Minister

43代

東久邇宮　稔彦王

目の前の小さな現象に目を奪われて、
遠い目標を失ってはならない

東久邇宮稔彦王は皇族出身の唯一の総理大臣である。敗戦の責任を取った鈴木貫太郎内閣の後を継いだ。

東久邇宮は内閣総理大臣として、連合国に対する降伏文書の調印、陸海軍の解体、復員軍人の処理などをした。東久邇宮は、骨のある人で、GHQによる内政干渉に抵抗の意思を示すためもあって54日という短期間で総辞職している。

東久邇宮の一億総懺悔論には、天皇への責任が及ばないためとか責任の所在をあいまいにするものなどの批判はあるが、かなり正しい面を突いているのではないかと思える。

「事ここに至ったのは勿論政府の政策がよくなかったからであるが、また国民の道義のすたれたのもこの原因の一つである。この際私は軍官民、国民全体が徹底的に反省し懺悔しなければならぬと思う」

というものである。フランス留学も長く、欧米への理解も深かった。もちろん戦争も当初から回避論者であった。日本人の目先にとらわれ過ぎるという欠点もよく見えたところがあった。これからはもっと、耐えることや遠い目標もきちんと見られる国民でなければいけないと思うのである。

東久邇宮稔彦王
（ひがしくにのみやなるひこおう）
1887年～1990年。京都府出身。戦前、戦中を通じて男子皇族は軍籍を持つことが通例であり、陸軍幼年学校、士官学校に学ぶ。陸軍大学校卒業後、7年間のフランス留学。貴族院議員、陸軍航空本部長、防衛総司令官などを経て、総理大臣に就任する。一旦は拝命を固辞しようとしたが、昭和天皇の要請もあり、引き受けたといわれる。史上唯一、皇族が総理大臣を務める内閣となった。就任直後の記者会見で、戦争責任は政治・軍・国民すべてにあるとする、「一億総懺悔論」を唱えた。在任期間は54日で史上最短。辞職後は皇籍を離脱した。102歳没。

Prime Minister

44代

幣原　喜重郎

文明と戦争とは
結局両立しえないものである。
文明が速やかに戦争を全滅しなければ、
戦争がまず文明を
全滅することになるであろう

平和主義者で協調外交で有名だった幣原喜重郎は日本国憲法の第九条の趣旨を高らかに演説した。

今に続く憲法第九条は、GHQの占領政策のもとでは、他の条文とともに、致し方ない面があった。

しかし、今のところ人類から戦争を取り去ることはできないだろうし、文明と相反するということもできない。

皮肉にも文明史研究会と名のついた私的研究会の代表として小室直樹博士はこう述べる。

「戦争は高度に文明的な制度である。この大前提を、ひとりひとりが、しっかりと把握することなくして、われわれの世界から、戦争がなくなることはないだろう」（『新戦争論』光文社）

「平和主義者が戦争を起こす」とも言う。つまり、戦争は一つの制度であり、この戦争をよく研究し、いっそ対策を練っていないと戦争になるということだ。目をつむっていればなくなるというのは子どもの理屈なのである。

幣原喜重郎（しではらきじゅうろう）
1872年～1951年。大阪府出身。豪農の家に生まれる。帝国大学（現・東京大学）法科大学卒。外務省に入省し、外務次官、駐米大使、外務大臣などを経て、総理大臣に就任する。天皇制維持、新憲法草案作成などをめぐりGHQとの交渉に当たる。辞任後は衆議院議員、進歩党総裁、衆議院議長などを歴任。78歳没。

Prime Minister

45代

吉田 茂

大志を抱けば、
天下何ものか恐るるに足らず

札幌農学校の初代校長・クラーク博士は「少年よ、大志を抱け」と言った。

この言葉に感銘を受け、新渡戸稲造は「我れ太平洋の架け橋とならん」との志を立て、日本の和平を最後まで願って行動した。

その志は、日本の戦争で途絶えたかに見えた。しかし、時間はかかったが、新渡戸たちから始まる長い歴史と人々の尽力があって、何とか花開いている。志を教え、大志を抱くことの大事さがよくわかる。

江戸時代末期の、日本を代表する儒学者の佐藤一斎は、気が充実すると、何事もうまくいくと言っている（『言志四録』）。

これは気というものは志が率いているとの孟子の教えを前提にしている。

では、その志を育てるにはどうすればいいのか。

吉田松陰は、「大人物に会って学べ。そして旅をして歴史的な史跡や大自然を見よ」という。

つけ加えるとすると、本を読むこと（桂小五郎などに国をよくするためにも本を読みましょうと手紙を出している）、そして歴史と偉人に学ぶことが必要であろう。

吉田　茂（よしだしげる）

1878年～1967年。東京府（現・東京都）出身。東京帝国大学（現・東京大学）法科大学卒。外務大臣、貴族院議員などを経て総理大臣に就任する。第一復員大臣、第二復員大臣、農林大臣、衆議院議員、皇學館大学総長などを歴任。大日本帝国憲法下の天皇組閣大命による最後の総理大臣である。89歳没。

Prime Minister

46代

片山 哲

青い鳥は何処《どこ》かにいるにちがいない

「青い鳥」とは、ご存じのように二人兄弟のチルチルとミチルが、夢の中で過去や未来の国に幸福の象徴である青い鳥を探しに行くという物語である。

この「青い鳥」を国の理想とし、探しに行くというのは、クリスチャンで、誠実、温厚な片山らしい発想である。

逆に、現実の政治は、童話のようにはいかないところが多く、優柔不断な性格と見られる原因となった。

片山は、青い鳥をヨーロッパ各国の中に見出そうともしているが、これもクリスチャンらしいところである。だが、日本には日本の歴史がある。

また、片山は社会主義と民主主義のいいとこどりの理想の形はないかと求めている。理想を求めて悪戦苦闘するのは素晴らしいことだが、あくまでもその片山の理想は社会主義の発想に近づくことであった。

理想の政治形態はなかなか見つからないものでもあろうが、少なくとも現実主義をないがしろにしてはいけない。現実を少しずつよくしていきたいものだ。国の歴史を無視し、一挙に自分の理想を追う政治は危険過ぎることになる。

片山 哲（かたやまてつ）
1887年〜1978年。和歌山県出身。東京帝国大学（現・東京大学）法学部卒。弁護士から無産政党議員、日本社会党委員長などを経て、総理大臣に就任する。連立内閣で閣内の意見がまとまらず、閣僚が決まらないまま、片山が全閣僚を兼任して親任式に臨んだ。クリスチャンであり、片山の総理大臣就任をマッカーサーも歓迎したという。辞任後は民主社会党の最高顧問などを務めた。90歳没。

Prime Minister

47代

芦田 均

勇気を出せ、
断じて行う決心をすれば、
予想以上に力も出る

芦田均と言えば、現行憲法第九条の芦田修正案が有名で、現行の条文は、芦田の考えが入っているという。

ただ、いずれにしても、意味もわかりづらいうえに各論者の根本思想からいろいろ解釈がなされる悪文の見本である。

しかし、芦田自身は名文家として知られている。

一高では夏目漱石に師事し、小説家にあこがれていた。自分の職業欄には文筆業と書いたらしい。

右の言葉は、有名な芦田日記にある自分を励ますものであるらしい。

日本武士や若者が好んで使った古典の史記からの言葉の応用である。

「断じて行えば鬼神もこれを避く」というものである。

強い決心でやれば、何も（神さえも）これを妨げることはできないの意味である。

若いころはハンサムで、文章も歌もうまい外交官で、相当女性にもてたらしい。

しかし、政治家としてはライバル吉田茂と戦う精神力の強さを持つのはとても大変であったようだ。

芦田 均（あしだひとし）

1887年〜1959年。京都府出身。東京帝国大学（現・東京大学）法学部卒。外務省に入省し、外交官などを経て衆議院議員となる。厚生大臣、日本民主党総裁、外務大臣などを経て、総理大臣に就任。昭和電工疑獄事件で総辞職に追い込まれ、芦田自身も逮捕されるが、その後、無罪判決が確定する。夏目漱石に師事し、小説家にあこがれた芦田は、職業欄に「文筆業」と書いていた。その理由を尋ねられると、「議員では飯は食っていない。議員で飯を食うようになったらおしまいだ」と答えていたという。71歳没。

Prime Minister

48代

吉田 茂

忙しいと疲れたは、自慢にならん

吉田茂ほど忙しい人もいなかったであろう。

仕事で結果を出す人というのは必ず忙しい。しかも、もちろん疲れている。

だがよい仕事をする人、結果を出し続ける人は、「忙しい。疲れた」とは決して口にしない。「忙しい。疲れた」と言う人は、まだまだであることを自覚すべきだ。

結果を出す人のもう一つの特徴は、仕事を楽しみ、人生を楽しむ。はたから見ると大変でつらいこともあるように見えるものの、本人は意気軒昂である。

また、吉田はユーモアのセンスがあった。これも人生楽しむ方法の一つであろう。アメリカに行ったとき、記者に元気な様子をほめられてこう言ったという。

「元気そうなのは外見だけです。頭と根性は生まれつきよくないし、口はうまいもの以外受け付けず、耳の方は都合の悪いことは一切聞こえません（健康法についていては）強いてあげれば人を食っております」

吉田 茂（よしだしげる）
1878年〜1967年。東京府（現・東京都）出身。東京帝国大学（現・東京大学）法科大学卒。外務大臣、貴族院議員などを経て総理大臣に就任する。第一復員大臣、第二復員大臣、農林大臣、衆議院議員、皇學館大学総長などを歴任。大日本帝国憲法下の天皇組閣大命による最後の総理大臣である。89歳没。

Prime Minister

49代

吉田 茂

忍耐がどんな難問にも、解決策になる

吉田茂というと気が短いイメージがある。「バカヤロー解放」とか、東大総長の南原繁のことを「曲学阿世の徒」（「曲学阿世」とは、史記にある言葉で、真実を無視し、学問をゆがめ、時勢や人にこびへつらい、人気を得ようとすることをさす）と言い、世間を騒がす人でもあった。

しかし、よく考えると、これも吉田一流のやり方だったのかもしれない。

吉田の孫の麻生太郎もよく失言する。歯に衣きせぬ言動で世を騒がす。ただ、生まれつきの坊ちゃんで吉田のように忍耐力がないためか、悪知恵が足りないためか、その失言の〝効果〟は悪い結果が多いようだ。

吉田は忍耐があってこそ解決策が出るものと見ていた。とすると、案外、ジョークやユーモア、失言もある計算のもとに行っていたとも見られないことはない。

忍耐の政治家というと、やはり徳川家康である。

家康は「堪忍は無事長久の基」と言った。

現代語に訳すと、「忍んで我慢することで、将来も無事になりチャンスも出てくるものだ」ということである。

吉田 茂（よしだしげる）
1878年〜1967年。東京府（現・東京都）出身。東京帝国大学（現・東京大学）法科大学卒。外務大臣、貴族院議員などを経て総理大臣に就任する。第一復員大臣、第二復員大臣、農林大臣、衆議院議員、皇學館大学総長などを歴任。大日本帝国憲法下の天皇組閣大命による最後の総理大臣である。89歳没。

Prime Minister

50代

吉田 茂

今に立ち直る。
必ず日本は立ち直る

吉田茂は、1940年代の終わりと1950年代の前半の、長きにわたって総理大臣を務めた。

ある意味大変な時代であった。

1941年から1945年の4年間も世界を相手に、アジアの小国日本がすべてを賭けて戦争をし、敗れ、何もない状態からの再出発であったからだ。そこには世界でも最低レベルの国力しか残っていなかったのだから。

しかし、一方で、必ず日本はよくなるとの予想はできた。

世界中を相手に4年も戦うことができ、太平洋上で、機動部隊を使って、大国アメリカと勝つか負けるかの戦いをやっていたのだ。

その軍事予算を使わず産業育成に全力を尽くすことができれば、日本人の能力をもってすると、いずれ世界のトップに肩を並べるようになるのは当然であるとも言えたからだ。

だが、そんなことを予想したのは吉田ぐらいだったかもしれない。その見る目は大したものだ。

日本がよくなるその根拠は何だったのか。それは信義に厚く、誠実な倫理観を持つ勤勉な国民性にあったのではないだろうか。

吉田 茂（よしだしげる）
1878年〜1967年。東京府（現・東京都）出身。東京帝国大学（現・東京大学）法科大学卒。外務大臣、貴族院議員などを経て総理大臣に就任する。第一復員大臣、第二復員大臣、農林大臣、衆議院議員、皇學館大学総長などを歴任。大日本帝国憲法下の天皇組閣大命による最後の総理大臣である。89歳没。

Prime Minister

51代

吉田 茂

歴史書を読むと、
人の行動がよく読める。
なにが変わって、
なにが変わっていないか
よくわかるから

ドイツが生んだ大政治家・ビスマルクの名言は「賢者は歴史に学ぶ」である。ここで吉田茂が言うように「歴史書を読むと人の行動がよく読める」からだ。

吉田松陰も言った。

「人、古今に通ぜず、聖賢を師とせずんば則ち鄙夫《ひふ》のみ。読書尚友は君子の事なり」

この言葉は「士規七則」と呼ばれるものの一つである。

現代語訳すると次のようになる。

「人が古今の文物、歴史を学ぶこともなく、昔の偉人を先生としないのであれば、その人はだらしなく、つまらない人間というべきです。読書をし、そこにある賢人たちを友として刺激を生きる人こそ君子。つまり成長する人のあり方なのです」

また松下村塾には次のような教えがあった。

「万巻《まんかん》の書《しょ》を読《よ》むに非《あら》ざるよりは、寧《いづく》んぞ千秋《せんじゅう》の人《ひと》たるを得《え》ん。一己《いっこ》の労《ろう》を軽《かる》んずるに非《あら》ざるよりは、寧《いづく》んぞ兆民《ちょうみん》の安きを致すを得ん」

万巻の書、歴史書を読まずして世の中を語るなということだ。さすがに吉田も歴史を大いに学んだのだ。

吉田 茂（よしだしげる）
1878年～1967年。東京府（現・東京都）出身。東京帝国大学（現・東京大学）法科大学卒。外務大臣、貴族院議員などを経て総理大臣に就任する。第一復員大臣、第二復員大臣、農林大臣、衆議院議員、皇學館大学総長などを歴任。大日本帝国憲法下の天皇組閣大命による最後の総理大臣である。89歳没。

Prime Minister

52代

鳩山一郎

恐れているのは米ソ戦争だ。米ソ戦を防ぐには中ソとの関係を断交状態に置くことは逆効果で、相互の貿易、交通を盛んにすればおのずから平和への道が開ける

注釈 首相就任後の記者会見での言葉。前政権の向米一辺倒の外交を非難し、日ソ交渉の必要性を説明した。

鳩山一郎は、鳩山由紀夫の祖父である。

鳩山由紀夫も首相となり、その就任演説で〝友愛〟を強調した。

実は〝友愛〟は祖父・一郎が唱えていた言葉でもあった。

その意味は、政治用語としてはっきりと定義するのは難しいが、二人の言っていること、行動から見ると、敵と思われがちな中国やソ連（ロシア）と、友好関係をつくり、両国のことを思いやっていこうではないかということであろう。

言っていることには何の反論もない。

しかし、中国とソ連（ロシア）も大国であり、歴史を見ればよくわかるように、とてもしたたかな国である。

そこに住んでいる中国人、ロシア人は愛すべき善人が多くいようが、国となると、そう簡単ではない。

中国、ソ連（ロシア）のために国を失った悲劇の人々も多いことを忘れてはなるまい。

友好関係はつくりつつも、決して油断なく、是々非々でつき合うのが、国と国の〝友愛〟には必要ではないだろうか。

鳩山一郎（はとやまいちろう）
1883年～1959年。東京府（現・東京都）出身。東京帝国大学（現・東京大学）法科大学卒。父・和夫の法律事務所での勤務を経て、東京市会議員、衆議院議員、書記官長、文部大臣などを務める。太平洋戦争中は大政翼賛会内閣を批判した。戦後は日本自由党創立の中心となり、組閣を目前とするが、公職追放により政界から一時退く。その後、日本民主党を結成し、総理大臣に就任。在任中に保守合同により自民党を結成する。日ソ共同宣言に調印、国交を回復させた。76歳没。

Prime Minister

53代

鳩山一郎

僕の政治家としての使命は、日ソ交渉と憲法改正にある

日本ほど憲法を固く守り通して、改正しない国も珍しい。

日本以外の国々では、よく改正している。

時代が変わるのであるから、それに合わせていくのが自然ともいえる。

しかし、日本人は変えない。

これは昔からそうであるようだ。武士の憲法のような御成敗式目も変わらなかったようだし、明治憲法も不磨の大典と言われ、変わらなかった。明治憲法の時、内閣制度を規定したり、軍も内閣の下にあるようにするとか、（一気には難しかったかもしれないが）せめて陸軍大将、海軍大将は現役の軍人でなくてもいいと規定を加えてほしかった。

現行憲法では、大きく二つの点から憲法改正が争われる。

そもそもが、アメリカの押しつけ憲法ではないかということ、一方で憲法の九条の平和主義を守れという立場があること。

ここまでくると聖徳太子の十七条憲法を憲法とし、後はイギリスのように慣習法でもいいのではと考えてしまう私は安易すぎるだろうか。

鳩山一郎（はとやまいちろう）
1883年～1959年。東京府（現・東京都）出身。東京帝国大学（現・東京大学）法科大学卒。父・和夫の法律事務所での勤務を経て、東京市会議員、衆議院議員、書記官長、文部大臣などを務める。太平洋戦争中は大政翼賛会内閣を批判した。戦後は日本自由党創立の中心となり、組閣を目前とするが、公職追放により政界から一時退く。その後、日本民主党を結成し、総理大臣に就任。在任中に保守合同により自民党を結成する。日ソ共同宣言に調印、国交を回復させた。76歳没。

Prime Minister

54代 鳩山一郎

領土は何年たってもなくなることはないが、
人の命には限りがある。
救える時には、一日も早く救ってやらなければならない。
しかも、国連に加盟できれば、その土俵の中で当然、
エトロフ、クナシリについても
話し合いのできる機会が生まれるに違いない

注釈 『鳩山一郎回顧録』より。ソ連には戦後、約57万人もの日本軍兵士らが抑留され、引き揚げが続いていた。鳩山は領土問題を先送りしてでも国交回復を優先すべきだと決断する。

鳩山一郎はソビエト連邦（現在はロシア共和国）との友好を図った。ライバル吉田茂がアメリカ一辺倒なのを批判し、世界平和そして日本の安全のためにもソ連と友好関係をめざした。

しかも、当時はまだ日本兵が多くシベリアに抑留されていたのだ。ソ連の満州侵略、北方領土侵攻は、日本人は今でも腹立たしく思っている。

沖縄はアメリカから返還されたのに、北方領土はまだ返ってこない。

今、安倍晋三首相とプーチン大統領の交渉が注目されてはいるが、そう簡単にはいかないのが領土問題である。プーチンにしても国民の圧倒的支持があるといっても領土問題での譲歩は国民の支持を失いかねない。

しかも、沖縄には日本人と思われる住人がいて、死闘を演じた（今日本からの独立を真面目に主張しているのは中国から息のかかった存在のみであろう）。これに対し、北方領土から日本人は引き揚げた。取り戻すには、再び戦うか、よっぽどロシアが困る事情（経済的に）によるものしかない。領土問題で一気に解決しようと思うのは危険でしかない。

鳩山一郎（はとやまいちろう）

1883年～1959年。東京府（現・東京都）出身。東京帝国大学（現・東京大学）法科大学卒。父・和夫の法律事務所での勤務を経て、東京市会議員、衆議院議員、書記官長、文部大臣などを務める。太平洋戦争中は大政翼賛会内閣を批判した。戦後は日本自由党創立の中心となり、組閣を目前とするが、公職追放により政界から一時退く。その後、日本民主党を結成し、総理大臣に就任。在任中に保守合同により自民党を結成する。日ソ共同宣言に調印、国交を回復させた。76歳没。

Prime Minister

55代

石橋 湛山

病原菌が病気ではない。
その繁殖を許す身体が
病気だと知るべきだ

石橋湛山は早稲田大学出身の初の総理大臣である。

総理大臣は、東京大学か海軍兵学校、陸軍大学校出（昔は松下村塾が多かった）がほとんどだった。安倍晋三首相は成蹊大学（小学校から成蹊）であり、しかも長期政権というのは珍しい。それだけ力があるということか。

石橋湛山は病気のためわずか65日間で辞めている。安倍首相は医学の進歩もあって（いい薬ができた）、二度目は長期政権を保っている。

石橋は、経済ジャーナリストとして活躍し、高橋亀吉らと（ともに東洋経済新報社）、金解禁に反対した優秀な経済学者でもあった。

石橋は、〝ストロングマン〟の異名を持ち、アメリカやＧＨＱを相手に堂々と戦っている。戦争に負けた日本で、「これで日本の未来はよくなる」と言って世間を驚かせた。

台湾や朝鮮など海外の経営は経済的に見れば赤字であるとの彼独特の意見を持ち、それが、後に正しかったと証明された。非常に律儀なところもあって、それがバトンを渡した岸信介と違って、病気になる体をつくってしまった一因でもある。

石橋湛山（いしばしたんざん）
１８８４年～１９７３年。東京府（現・東京都）出身。早稲田大学大学部文学科（現・文学部）卒。毎日新聞社を経て東洋経済新報社に入社し、後に代表取締役社長に就任する。戦後初の総選挙に出馬して落選するも、大蔵大臣として入閣。その後、通商産業大臣などを務め、総理大臣に就任するが、１カ月後に病に倒れて辞職する。日本国憲法下において国会で一度も演説や答弁をしないまま退任した、唯一の総理大臣。88歳没。

Prime Minister

56代

岸 信介

転ぶな、
風邪を引くな、
義理を欠け

「悪運は強いほどいい」と言い、〝昭和の妖怪〟とも言われた岸信介は、90歳まで長生きした。

しかも石橋湛山と違って病気もせず、総理引退後でも隠然たる力を持ち続けた。

実弟の佐藤栄作、孫の安倍晋三など、日本の総理大臣を長く務めている家系だ。

人に何を言われても平気だったというその精神力の強さに、「敵ながらあっぱれ」と言う人も多かったようだ。

安保改定に反対し、「岸を倒せ!」と数万人のデモが国会周辺に押し寄せた際も「国会周辺は騒がしいが、銀座や後楽園球場はいつも通りである。私には〝声なき声〟が聞こえる」の有名な言葉を残している。

マスコミ、いわゆる進歩的文化人にさんざん悪く書かれているが、日本の民主政治のことを考えると、デモに屈しなかったその精神力は大したものだったと思う(今の韓国でのデモ騒ぎを見ると、つくづくそう思う)。

その精神力の強さと長生きのための三つの事項は、私たちも参考にしたいものである。

岸 信介(きしのぶすけ)
1896年~1987年。山口県出身。東京帝国大学(現・東京大学)法学部卒。農商務省に入り、要職を歴任する。昭和11年に満州国に渡り、満州産業開発五カ年計画を手掛けた後、商工大臣、国務大臣などを務める。戦後A級戦犯容疑で逮捕されるが不起訴となり、政界復帰。自民党幹事長、外務大臣などを経て総理大臣に就任する。日米安保条約を締結したのちに退陣した。90歳没。

Prime Minister

57代 岸 信介

悪運が強くないと政治家は駄目。運が七割

岸信介は、自分の運のよさを「悪運が強い」と堂々と言っている。

確かに政治家とか軍人とかは、その「運」のよさが大きな成功の秘訣であろうと思える。

かつて日露戦争の時に、山本権兵衛海軍大将が、東郷平八郎を連合艦隊司令官に選んだ。

それまで目立つ男でなかった東郷をどうして任命したんだと明治天皇に聞かれた山本は、「東郷は運のいい奴ですから」と答えた。

すると明治天皇はすべてを納得したという。

実際、東郷は運のよい男となる。ロシアのバルチック艦隊が、彼の読みどおりに（参謀秋山真之などは気が狂わんばかりに悩んだらしいが）、対馬沖に現れてくれた。

しかも旗艦三笠の甲板上で不動の姿勢でじっと戦況を見つめる東郷に、敵砲弾は当たらなかったのだ。

戦国武将では、豊臣秀吉も、自分は運がいいから弾なんか当たらないと平気な顔して最前線を見に行き、立ち小便をしてみせたという。

このように、岸の言うことは強烈な自己肯定と気迫でまわりを圧倒するもののようだ。

岸 信介（きしのぶすけ）

1896年～1987年。山口県出身。東京帝国大学（現・東京大学）法学部卒。農商務省に入り、要職を歴任する。昭和11年に満州国に渡り、満州産業開発五カ年計画を手掛けた後、商工大臣、国務大臣などを務める。戦後A級戦犯容疑で逮捕されるが不起訴となり、政界復帰。自民党幹事長、外務大臣などを経て総理大臣に就任する。日米安保条約を締結したのちに退陣した。90歳没。

Prime Minister

58代

池田 勇人

貧乏人は麦を食え

日本の総理大臣の中で、今の評論家各氏の、ほぼ皆がほめるのが池田勇人である。

池田で有名なのは「私はウソは申しません」という言葉と「所得倍増計画」である。

実際に、日本が高度経済成長の時期となり、イケイケどんどんと、豊かになっていった。

池田の人気が高かったのは当然である。

岸信介が反対勢力との対決姿勢を貫いたのを受けて、国民受けにソフトなイメージで所得倍増、高度経済成長を演出した。

大蔵省出身ではあったが東大卒でもないため（京都大学卒）、冷や飯を食うという苦労をしてきた。

ただ大蔵大臣の時に「貧乏人は麦を食え」と言ったとマスコミに報じられて、誤解を受けた。

発言は、「所得に応じて、所得の少ない人は麦を多く食う、所得の多い人は米を食うというような、経済の原則に持っていきたいというのが、私の念願であります」というものであった。いつの時代もいいかげんなマスコミの報道には注意を要する。

池田勇人（いけだはやと）
1899年～1965年。広島県出身。京都帝国大学（現・京都大学）法学部卒。大蔵省に入省し、大蔵次官などを務めた。その後、衆議院議員、大蔵大臣、通商産業大臣、経済審議庁長官、自由党政調会長、同幹事長などを経て、総理大臣に就任。所得倍増計画を打ち出して、高度経済成長の進展に大きな役割を果たした。65歳没。

Prime Minister

59代

池田 勇人

正常な経済原則によらぬことを
やっている方がおられた場合において、
それが倒産して、また倒産から思い余って
自殺するようなことがあっても、
お気の毒ではございますが、
止むを得ないということは
はっきり申し上げます

池田勇人は佐藤栄作と並ぶいわゆる〝吉田学校〟の優秀な生徒とされ、吉田茂内閣の時に、大蔵大臣を担当し、その手腕を認められた。

しかし、官僚時代は本流の東大でない京大出身ということもあり、しかも病気のため出世は遅れていた。病気回復後には税務畑を歩んでいたが、真面目な取り立てに泣いた資産家も多かったようだ。

このように、元来、誠実で原則を守る性格から、総理大臣になってからも国家答弁で経済原則を言い通し、ひんしゅくを買った。

今、その答弁を見ると、〝自殺〟は余計で、言い過ぎであるが、企業の倒産は正常な経済原則である。

後に大蔵省（現財務省）は、〝護送船団方式〟といわれる大企業金融において倒産を避ける策を採ったが、これこそ経済原則に反するもので、日本経済を一時おかしくした。

池田は、飾り気のない、口のうまくない首相であったが、経済原則を推し進めて日本の高度成長を確かなものにした。

池田勇人（いけだはやと）

1899年〜1965年。広島県出身。京都帝国大学（現・京都大学）法学部卒。大蔵省に入省し、大蔵次官などを務めた。その後、衆議院議員、大蔵大臣、通商産業大臣、経済審議庁長官、自由党政調会長、同幹事長などを経て、総理大臣に就任。所得倍増計画を打ち出して、高度経済成長の進展に大きな役割を果たした。65歳没。

Prime Minister

60代 池田 勇人

みなさん、
私がやる政策は社会党とは違います。
イケダは、3つの卵を
4人で分けるようなことはしない。
3つの卵は6つに増やす、
6つの卵を3人で分けたら3つ余る。
余った3つを貯金する。これが、経済であります池田勇人の「所得倍増計画」がうまくいき、日本の総理大臣の中でも抜群の評価を得ていたのは、時代環境がとてもよかったことが一番の理由だ。

それに加えて、その性格が寛容と忍耐にすぐれていて、まわりの人に好かれたというのも大きい。

宮澤喜一は、池田の可愛いがった後輩政治家であるが、次のように言う。

「この人のためならと思って、一生懸命やったと思う。こんなことは一生に何回もないんで、私はいっぺんでもあったということが幸せだったと思ってるんです。ところが、そう思った人は私ばかりじゃなくて、たくさんいましてね。そう思わせるところが、池田さんの偉いところじゃないですか」

また、池田のケインズ流の経済対策は、時代の流れとうまく合った。それと、その経済政策についての説明がとてもわかりやすかった。

論語にも「辞は達するのみ」とある。

言葉や文章は意味がわかりやすく、相手に通じるものでなければならない。とくにリーダーはそうである。

池田勇人（いけだはやと）

1899年～1965年。広島県出身。京都帝国大学（現・京都大学）法学部卒。大蔵省に入省し、大蔵次官などを務めた。その後、衆議院議員、大蔵大臣、通商産業大臣、経済審議庁長官、自由党政調会長、同幹事長などを経て、総理大臣に就任。所得倍増計画を打ち出して、高度経済成長の進展に大きな役割を果たした。65歳没。

Prime Minister

61代 佐藤 栄作

私は沖縄の祖国復帰が実現しない限り、わが国にとって戦争が終わっていないことをよく承知しております

佐藤栄作の総理大臣の連続在任期間は、これまでの歴代最長である7年8ヵ月に及ぶ。

それだけ、日本が安定していた時代とも言える。

在任中にベトナム戦争があり、アメリカを支持していたことから、左翼的な論調が一般的であったマスコミや学生たちにはいつも叩かれていた。

いわゆる非核三原則の提唱で、ノーベル平和賞を受賞している。

ノーベル平和賞を受賞した後、記者団にこう述べている。

「平和を愛好する国民の代表として私が受賞したと思う。佐藤は運のいい奴だといわれるがその通りだ」

また、在任中に、アメリカからの沖縄の返還を成功させている。

ここの言葉は、その思いについて述べたものだ。そして言った。

「歴史がひと区切りつけるような仕事に政治家として取り組むことが出来たのは非常に幸福だった。感謝している」

佐藤栄作（さとうえいさく）
1901年～1975年。山口県出身。東京帝国大学（現・東京大学）法学部卒。鉄道省に入り、鉄道総局長官などを務める。運輸省の次官を最後に退官。民主自由党を経て自由党に参加し、一年生議員ながら幹事長を務める。内閣官房長官、郵政大臣、電気通信大臣、建設大臣、北海道開発庁長官、大蔵大臣、通商産業大臣、科学技術庁長官などを経て、総理大臣に就任。非核三原則の提唱でノーベル平和賞を受賞。74歳没。

Prime Minister

62代

佐藤 栄作

国民は自らの手で本土防衛に当たる自覚を持ってほしい

現在の日本国憲法下でも、国の自衛力については認められているとする。だから自衛のための自衛隊は認められ、これは〝戦力〟ではないというのだ。

苦しい解釈ではあるが、自衛隊の存在意義からしてこれは仕方ない面がある。問題は、アメリカ軍の持つ核戦力なしに防衛できるのかというところにある。現に北朝鮮も（ということは韓国と統一されることになれば韓国も核保有国となる）、中国も、ロシアも、アメリカも、有している。

仮にアメリカ軍が日本から去ることになれば、これらの核攻撃によって脅されると日本は対抗できなくなる（何でも言うことをきくしかなくなる）。これをどう考えるかは、いつか大きな問題となる。核には核の抑止力しか防衛のしようがないのだ。沖縄をアメリカが日本に返還した時にも、佐藤栄作は、日本の防衛について心配した。日本人はすっかり防衛を自分たちの手でするという自覚を失くしているところがあるようなのだ。佐藤栄作は池田勇人とともに吉田茂の下で育った。〝吉田学校〟出身の首相である。吉田は戦後日本のカジ取りをよくしたが、日本の防衛をアメリカに任せる策を取ったのは、後々大きな問題となり、今に至っている。

佐藤栄作（さとうえいさく）

1901年〜1975年。山口県出身。東京帝国大学（現・東京大学）法学部卒。鉄道省に入り、鉄道総局長官などを務める。運輸省の次官を最後に退官。民主自由党を経て自由党に参加し、一年生議員ながら幹事長を務める。内閣官房長官、郵政大臣、電気通信大臣、建設大臣、北海道開発庁長官、大蔵大臣、通商産業大臣、科学技術庁長官などを経て、総理大臣に就任。非核三原則の提唱でノーベル平和賞を受賞。74歳没。

Prime Minister

63代

佐藤 栄作

偏向的な新聞は嫌いなんだ。大嫌いなんだ。直接国民に話したい

佐藤栄作総理大臣が退陣表明をする際の新聞記者を追い出す映像は、テレビで流され、子ども心に見苦しさを感じたものだ。ただ、今、改めて考えてみると、佐藤総理の気持ちがわからないではない。当時の新聞の持つ力は凄かった。新聞に悪く書かれると、大臣のクビなど平気で飛んだ。だから、新聞記者はみんな偉そうだった。とくに朝日新聞の力は大きかった。

朝日新聞がつくったと言われる従属慰安婦問題や南京大虐殺問題の対応に、今も国民は追われている。新聞にどうしてそんな力があったのか、これも国民のレベルがまだまだ低かったとしか言いようがない。

有用性は認めつつも、いつもマスコミは恐いものだということは忘れたくない。

退陣の時のイメージから、私の佐藤栄作のイメージはよくない面があったが、俳優で佐藤B作が登場したり、あるいは反戦歌「栄ちゃんのバラード」なども出て、敵役としてもなかなかの人気者でもあった。「栄ちゃんと呼ばれたい」と本人は言っていたらしいが、「栄ちゃんのバラード」には頭に来ていたようだ。

佐藤栄作（さとうえいさく）
1901年〜1975年。山口県出身。東京帝国大学（現・東京大学）法学部卒。鉄道省に入り、鉄道総局長官などを務める。運輸省の次官を最後に退官。民主自由党を経て自由党に参加し、一年生議員ながら幹事長を務める。内閣官房長官、郵政大臣、電気通信大臣、建設大臣、北海道開発庁長官、大蔵大臣、通商産業大臣、科学技術庁長官などを経て、総理大臣に就任。非核三原則の提唱でノーベル平和賞を受賞。74歳没。

Prime Minister

64代

田中 角栄

時間の守れん人間は、何をやってもダメだ

世界各国で仕事をしたことがあるが、時間を守る国民であるかどうかは、その国の国力を示すものであると感じた。

最も時間に厳しい国は日本である。

次にまあ大丈夫だというのは、イギリス、アメリカである。あとはドイツか。

こう見てみると、これらは資本主義の発達した国である。イギリス、アメリカはプロテスタンティズムの国である。日本の倫理、道徳の由来は、争いのあるところだが、武士道ではないかと思われる。

フランスで仕事をしている時には納期を守らない人も多く、ああそうか、ラテン系、カトリック系だなと気づいた。

新幹線をよく利用するが、5分おきにきちんと正確に発着する。車両も清潔に保たれていて、東京駅の掃除を担当する会社の優秀性について、アメリカのビジネススクールが注目しているというが、私に言わせるとそもそも利用客が倫理を守り、社内を汚さないのが凄い。

個人でみると、やはり時間にルーズな人は信用できない。田中角栄の言う通りだ。

田中角栄（たなかかくえい）
1918年〜1993年。新潟県出身。二田高等小学校卒。上京し、住み込みで働きながら中央工学校土木科に通う。卒業後、建築事務所での職を経て独立し、建築設計事務所を開く。その後、衆議院議員、郵政大臣、大蔵大臣、自民党幹事長、通商産業大臣などを務めた後、総理大臣に就任。膨大かつ明晰な知識と、徹底してやり抜く実行力から「コンピューター付きブルドーザー」と呼ばれた。後に、ロッキード事件で逮捕されるが、その後も隠然たる影響力を保ち続けたことから、「（目白の）闇将軍」の異名を取った。75歳没。

Prime Minister

65代

田中 角栄

わが国の産業の長い歴史は、中小企業をもって母体として築かれて参ったのであります

田中角栄は、〝角さん〟とか〝今大閤〟と呼ばれ、学歴はないものの、54歳で総理大臣となった。しかし、その在任期間は2年あまりと短いものであった。

最初は人気があったものの、マスコミのかっこうの餌食となり、金権政治と呼ばれ、ついにはロッキード事件において逮捕された。

現在、再び角栄人気があるようだが、私からすると「よく言うよ」という気がしないでもない。世間はあれだけよってたかって田中を攻撃したのにという思いがあるからである。

私は当時学生で、新聞社の政治部でアルバイトをしていた。当時は全マスコミが田中攻撃に明け暮れていて、うんざりしたものだ。その姿を見て、私のマスコミ志望はなくなってしまった。

右の言葉は、田中の一年生代議士としての発言である。続けて言う。「当時世界市場に送り出され、薄利多売の日本製品として、一部において恐怖さえされた自動車、電球、時計その他ほとんどが、家内工業または手工業というべき分散的小規模企業が最悪条件下において生んだ製品であり、日本中小企業が世界産業界に立てた金字塔であると思うのであります」さすがの分析である。

田中角栄（たなかかくえい）

1918年〜1993年。新潟県出身。二田高等小学校卒。上京し、住み込みで働きながら中央工学校土木科に通う。卒業後、建築事務所での職を経て独立し、建築設計事務所を開く。その後、衆議院議員、郵政大臣、大蔵大臣、自民党幹事長、通商産業大臣などを務めた後、総理大臣に就任。膨大かつ明晰な知識と、徹底してやり抜く実行力から「コンピューター付きブルドーザー」と呼ばれた。後に、ロッキード事件で逮捕されるが、その後も隠然たる影響力を保ち続けたことから、「(目白の)闇将軍」の異名を取った。75歳没。

Prime Minister

66代

三木 武夫

国民はやはり私を支持してくれる。男は勝つまで何度でも勝負する

郵便はがき

1 0 3-8 7 9 0

料金受取人払郵便

日本橋局
承　認

6473

差出有効期間
平成30年10月
31日まで

切手をお貼りになる
必要はございません。

953

中央区日本橋小伝馬町15-18
ユニゾ小伝馬町ビル9階
総合法令出版株式会社 行

本書のご購入、ご愛読ありがとうございました。
今後の出版企画の参考とさせていただきますので、ぜひご意見をお聞かせください。

フリガナ お名前	性別 男・女	年齢 歳
ご住所　〒 TEL　　　（　　　）		
ご職業　1.学生　2.会社員·公務員　3.会社·団体役員　4.教員　5.自営業 6.主婦　7.無職　8.その他（　　　）		

メールアドレスを記載下さった方から、毎月5名様に書籍1冊プレゼント!

新刊やイベントの情報などをお知らせする場合に使用させていただきます。

※書籍プレゼントご希望の方は、下記にメールアドレスと希望ジャンルをご記入ください。書籍へのご応募は1度限り、発送にはお時間をいただく場合がございます。結果は発送をもってかえさせていただきます。

希望ジャンル：☐ 自己啓発　☐ ビジネス　☐ スピリチュアル

E-MAILアドレス　※携帯電話のメールアドレスには対応しておりません。

お買い求めいただいた本のタイトル

■お買い求めいただいた書店名

(　　　　　　　　　　)市区町村 (　　　　　　　　　　)書店

■この本を最初に何でお知りになりましたか

□ 書店で実物を見て　□ 雑誌で見て(雑誌名　　　　　　　　　　)
□ 新聞で見て(　　　　　　新聞)　□ 家族や友人にすすめられて
総合法令出版の(□ HP、□ Facebook、□ twitter)を見て
□ その他(　　　　　　　　　　)

■お買い求めいただいた動機は何ですか(複数回答も可)

□ この著者の作品が好きだから　□ 興味のあるテーマだったから
□ タイトルに惹かれて　□ 表紙に惹かれて　□ 帯の文章に惹かれて
□ その他(　　　　　　　　　　)

■この本について感想をお聞かせください

(表紙・本文デザイン、タイトル、価格、内容など)

(掲載される場合のペンネーム：　　　　　　　　　　)

■最近、お読みになった本で面白かったものは何ですか?

■最近気になっているテーマ・著者、ご意見があればお書きください

ご協力ありがとうございました。いただいたご感想を匿名で広告等に掲載させていただくことがございます。匿名での使用も希望されない場合はチェックをお願いします☑
いただいた情報を、上記の小社の目的以外に使用することはありません。

三木武夫はバルカン政治家と呼ばれた。

バルカン政治家とは、敵味方を変えて自分がうまくいくようにしていく政治家を言う。ほめ言葉ではない。特に現代の日本ではよいイメージはない。

しかし、これが戦国時代であれば、真田昌幸（幸村の父）のように〝表裏《ひょうり》比興《ひきょう》の者〟と呼ばれ、一種のほめ言葉ともとられないことはない。したたかに生き抜くのが重要だったからだ。

三木武夫は「理想を持ったバルカン政治家でありたい」とし、「私は何も恐れない。ただ大衆のみを恐れる」と言った。しかし、政治家としては大衆に迎合しては、いわゆるポピュリズムとなり、国をよくしていくという政治家の役割をなくす恐れもある。

三木内閣で大きな問題となったのは、田中角栄元首相の逮捕であろう。外為法違反の別件逮捕であった。ロッキード裁判では田中側の反対尋問なしに有罪を認めるという日本国憲法の人権保障を無視した有罪判決が出た。これは日本の歴史に残る汚点となった。

三木武夫（みきたけお）

1907年〜1988年。徳島県出身。明治大学法学部卒。衆議院議員、逓信大臣、運輸大臣、経済企画庁長官、科学技術庁長官、通商産業大臣、外務大臣、国務大臣、環境庁長官などを務める。一貫して派閥の寄せ集め状態の自民党の体質からの脱却、党の近代化を訴え、時の政権、党執行部とも衝突を繰り返した。金権政治が暴露された田中角栄が失脚すると、三木の「クリーンさ」が対照的で有権者受けするとみなされ、総理大臣に擁立される。政治改革を図ったが、後の総選挙で自民党が惨敗を喫した責任を取って、在任2年で退陣した。81歳没。

Prime Minister

67代

福田　赳夫

天の声にも変な声もたまにはある

福田赳夫の番記者を長く務めていた人に聞くと、その人柄は愛すべきで、気さくな人だったとのことであった。

福田と言うと、その造語が巧みで面白かった。当時、大して政治に興味のない私でも、福田の発言には、よく笑ったものだ。

「我が輩の後ろ姿には性的魅力がある。女優が言ったから間違いない」

「見せかけの繁栄は昭和元禄にすぎない」

「天が再び福田を必要とする時がある」

「さあ、働こう内閣」

「明治38歳」

「人命は地球より重い」

右に取り上げた言葉は、自民党総裁予備選で太平正芳に敗れた時のものである。

田中角栄とは仲が悪かった。福田は「政治は最高の道徳」と言う。田中は、「経世済民」ができる政治家をめざしていた。一般論としては福田が支持されるが、世の中のためには田中のやり方がいいとするのが、孔子の時代からの政治家像である。

福田赳夫(ふくだたけお)

1905年〜1995年。群馬県出身。東京帝国大学(現・東京大学)法学部卒。大蔵省に入省し、主計局長などを務めた後、衆議院議員となる。農林大臣、大蔵大臣、外務大臣、行政管理庁長官、経済企画庁長官などを経て、総理大臣に就任。ひょうひょうとしていて、気さくな面を持っていた。また、造語の達人でもあり、「狂乱物価」「アヒルの水かき」「視界ゼロ」などの言葉の発案者としても知られる。ダッカ日航機ハイジャック事件を受けての「人命は地球より重い」、総裁選で敗れたときの「天の声にも変な声がある」など、多くの福田語録を残した。90歳没。

Prime Minister

68代 大平 正芳

洋の東西を問わず、歴史の風雪に耐えて、
然も依然強い光彩と生命力を放つ
少数の書籍を、自分の実生活の伴侶として、
よく読み、よく消化し、よく実践する
という生き方をとらない限り、
われわれの精神の渇きはいやすべくもない

大平正芳は〝鈍牛〟とか〝アーウー宰相〟とか呼ばれるように、慎重な行動をする人物、地味な雰囲気の政治家だった。

しかし、タイプがまったく違うように見える田中角栄とは、とても仲がよく、ウマが合った。田中いわく前世からの縁があったとか。

その太平は、なかなか能弁ではないが、面白いことを言い、あるいは問題となるようなことも言った。

私が忘れられずに覚えているのは、「東京に三代住むと白痴になる」だった。

真実を突いているのではないかと、学生仲間で話題となった。

太平は香川県の出身であり、うどんや焼きイモが大好きだったようだ。ざるうどんの名づけ親としても知られている（それまで「ざるそば」はあっても「ざるうどん」はなかった）。

大平は大変な読書家であった。酒もタバコもやらず、ひたすら読書に励んだ。

読書をすすめる右の言葉は、なるほど、真の読書家にしか出ないものである。

大平正芳（おおひらまさよし）

1910年〜1980年。香川県出身。東京商科大学（現・一橋大学経済学部）卒。大蔵省への入省を経て衆議院議員となる。その後、内閣官房長官、外務大臣、通商産業大臣、大蔵大臣などを務め、総理大臣に就任。田中角栄とは長く盟友関係にあり、その影響も強かったことから、大平内閣は「角影内閣」と言われた。話し始める前に、「アー、ウー」と前置きをする話し方から、「アーウー宰相」と呼ばれ、「アーウー」は当時の流行語となった。在任中に心筋梗塞により急死。70歳没。

Prime Minister

69代

大平 正芳

国民のバランス感覚は絶妙なものがある。
(選挙結果を私は)誰よりも
深刻に受け止めなければならない。
(国民の意志を)これからの施策の
上に生かしていくことが、
私のなすべきことだ

大平正芳総理大臣は、1979年の選挙で惨敗した。右の言葉はその時の発言である。

政治家として、首相として誠に正しい見方をしている。

民主政治は選挙を通して、国民の意志を反映して行われる。

私などは自分の都合で考えがちで、選挙結果にいらだったりもする。

しかし、大平が見るように、戦後の日本人のバランス感覚は絶妙だと言われる。

民主党政権の時、尖閣諸島での中国船による体当たり攻撃への対応で、政府は何をやっているんだと思い、当時、早朝散歩していた元首相に(私も散歩していた)「もっとしっかりしろ」と言おうとして何とか思い止まったことがある。

果たしてその後は、違う政権が生まれ、対応も少し変わった。日本はデモや直訴で変わるのではなく、選挙という民意をきちんと示す方法で変わる民主国家なのだと反省した。日本人のバランス感覚は素晴らしいものがあるとされている。そのためにも国民一人ひとりが意志をしっかりと表していかないといけない。

大平正芳(おおひらまさよし)
1910年〜1980年。香川県出身。東京商科大学(現・一橋大学経済学部)卒。大蔵省への入省を経て衆議院議員となる。その後、内閣官房長官、外務大臣、通商産業大臣、大蔵大臣などを務め、総理大臣に就任。田中角栄とは長く盟友関係にあり、その影響も強かったことから、大平内閣は「角影内閣」と言われた。話し始める前に、「アー、ウー」と前置きをする話し方から、「アーウー宰相」と呼ばれ、「アーウー」は当時の流行語となった。在任中に心筋梗塞により急死。70歳没。

Prime Minister

70代

鈴木 善幸

天気晴朗なれど波高しだね。
責任の重さを感じると、
身の引き締まる思いだ

鈴木善幸総理大臣は、大平正芳の急死によって生まれた。田中角栄の影響の大きい大平の下で、自民党内は分裂気味であったが、鈴木善幸を首相にすることで派閥の均衡を図ったとされる。

しかし、やはり一国の首相には強いリーダーシップがあって欲しい。鈴木は見るからに人がよさそうで、実際に誠実だったようだ。

そこに野党もつけ入るし、中国、韓国も、いわゆる教科書誤報問題で、まず謝罪しようとする日本政府（官房長官は宮澤喜一）の態度を見て、以後歴史認識問題を外交の武器にできると考えたようだ。

鈴木は大の野球好きでジャイアンツファンだった。レギュラー選手の打率はよく知っていたという。野球好きと言えばかつての池田勇人もそうで、カープファンだった。当時スワローズの4番を打っていた豊田泰光（元西鉄ライオンズ）に、自宅の電話番号を調べて電話し「カープ戦で打つな」と言った話は有名である。

なお鈴木が言った「天気晴朗なれど波高し」は、日本海海戦でこれから決戦に挑む連合艦隊の電報文からの引用である。

鈴木善幸（すずきぜんこう）

1911年～2004年。岩手県出身。水産講習所（現・東京海洋大学）卒。県漁業組合連合会などに勤務した後、衆議院議員となる。郵政大臣、内閣官房長官、厚生大臣、自民党総務会長、農林大臣などを経て、総理大臣に就任。「和の政治」をスローガンに掲げたが、公約とした「増税なき財政再建」の破綻や、教科書誤報事件などで批判が高まる中、退陣した。また、田中角栄支配の絶頂期だったこともあり、一部マスコミからは、直接角栄の影響を受ける「直角内閣」や「暗愚の総理」と揶揄された。93歳没。

Prime Minister

71代

中曽根 康弘

大局さえ見失わなければ大いに妥協してよい

注釈

若い頃、徳富蘇峰に教わった中曽根の人生訓。

中曽根康弘は〝風見鶏〟と言われ、政治的には身代わりの早さが有名であった。

また少し若い時は〝青年将校〟とも呼ばれ、愛国主義的見解も目立った。

前首相の鈴木善幸が、「日米同盟には軍事的側面はない」と発言し、アメリカ国民の怒りを買って、日米関係がよくない時期に、中曽根はアメリカ大統領のレーガンと「ロン」「ヤス」とファーストネームで呼び合うほど仲が良いことをアピールした。

実際にレーガンが進める対ソ連の強硬策を支持した。こうしてソ連崩壊が進むが、日本の協力も無視できない影響を与えた。

日本の防衛費をGDPの1%を少し超える額にするという政策をとっている。それまで1%内という制約があったのを打破している。

憲法改正論者だった中曽根だが、この時はまだ日本国民の大半が憲法改正を望んでいないということで、これをほとんど口にしていない。

「大局さえ見失わなければ」という条件付きの妥協は、風見鶏政治家中曽根としては何てことのない政策だったのである。

中曽根康弘（なかそねやすひろ）

1918年～。群馬県出身。東京帝国大学（現・東京大学）法学部卒。内務省を経て、衆議院議員となる。科学技術庁長官、運輸大臣、防衛庁長官、通商産業大臣、行政管理庁長官などを務めた後、総理大臣に就任。政治家になった当初から総理大臣になろうと決意しており、頭にひらめいた政策などを大学ノートに書き続けていたという。総理の座を競った「三角大福中（さんかくだいふくちゅう）」（三木武夫、田中角栄、大平正芳、福田赳夫、中曽根康弘）と言われた五人のうち、最後に総理となったが、五人の中では最長となる約5年にわたって総理を務めた。

Prime Minister

72代

中曽根 康弘

政治家の資質の第一は歴史観です

一国の宰相たるもの、総理大臣には当然正しい歴史観を持ってもらいたい。

ところが、この正しい歴史観とは何かとなると、大きく見解がわかれ、争われることになる。

総理大臣の歴史観は、その時の国民の方向性に合い、少し先の「将来こうあるべきではないか」というのを示すものが必要であろう。

当時、中曽根康弘総理大臣がもともと持っている愛国的、保守的歴史観が、マスコミを中心として、また一部の国民から強く警戒された。その中では、靖国神社への公式参拝は、正しい歴史観だったようだ。

というのは、安倍晋三が総理大臣として参拝した時、国民の多数はこれを支持しているからだ。逆にそれを戒めた観（失望したと発表）のアメリカ大使館への抗議が殺到し、フェイスブックが炎上した。これには、キャロライン・ケネディ大使も驚いたようだ。

しかし、大型間接税は導入しないとしたのに、選挙で大勝すると売上税（消費税）に名を代えて導入を検討した（実施は後の竹下登内閣から）。これは正しい歴史認識とは思えないがどうであろう。

中曽根康弘（なかそねやすひろ）1918年〜。群馬県出身。東京帝国大学（現・東京大学）法学部卒。内務省を経て、衆議院議員となる。科学技術庁長官、通商産業大臣、運輸大臣、防衛庁長官、通商産業大臣、行政管理庁長官などを務めた後、総理大臣に就任。政治家になった当初から総理大臣になろうと決意しており、頭にひらめいた政策などを大学ノートに書き続けていたという。総理の座を競った「三角大福中（さんかくだいふくちゅう）」（三木武夫、田中角栄、大平正芳、福田赳夫、中曽根康弘）と言われた五人のうち、最後に総理となったが、五人の中では最長となる約5年にわたって総理を務めた。

Prime Minister

73代

中曽根 康弘

政治は愛だとか優しいと言った
名詞や形容詞ではなく、
「私はやる」という動詞で語るものだ

『中曽根康弘句集』（角川書店）という俳句集が、総理大臣が出したものということで、当時は大変売れた。

俳句に自信があるのか、よく自分のつくった俳句を引用しながら発言をした。それもあってか、けっこううまいことを言う。

「この顔がウソをつく顔に見えますか？」とも言ったが、あまり信用されなかった。

私が今でも覚えているのは、日米経済摩擦問題で、アメリカの貿易赤字を配慮してこう述べたことだ。

「一人100ドル（当時のレートで1万3000円分くらい）外国製品（とくにアメリカ製品）を買って文化的な生活を送ろう」というものだった。

面白いことを言い、実行しようとする総理大臣であると思った（少し軽すぎるが）。

右に掲げた言葉も、大した名言だと思う。

「愛は動詞である」と言うのは『7つの習慣』（キングベアー出版）のコヴィー博士である。

行動する人、何かいいことをやる人というのはこうした動詞を大切にする人なのである。

中曽根康弘（なかそねやすひろ）

1918年〜。群馬県出身。東京帝国大学（現・東京大学）法学部卒。内務省を経て、衆議院議員となる。科学技術庁長官、運輸大臣、防衛庁長官、通商産業大臣、行政管理庁長官などを務めた後、総理大臣に就任。政治家になった当初から総理大臣になろうと決意しており、頭にひらめいた政策などを大学ノートに書き続けていたという。総理の座を競った「三角大福中（さんかくだいふくちゅう）」（三木武夫、田中角栄、大平正芳、福田赳夫、中曽根康弘）と言われた五人のうち、最後に総理となったが、五人の中では最長となる約5年にわたって総理を務めた。

Prime Minister

74代

竹下 登

辛抱、辛抱、永久辛抱

竹下登は、不思議な大物政治家であった。

国会答弁を聞いていても「言語明瞭、意味不明」と言われ、さわやかな言い方をしているようで何を言っているかよくわからなかった。いつもニコニコ笑顔で、怒っている顔は見たことがない。異常とも言われるほどの我慢強さであった。怒らない、人の悪口を言わないで、あれだけの勢力を持っていたのであるから大したものだ。田中角栄の子分でありながら、その田中派のほとんどを引き連れて創政会を起こした（後に経世会竹下派を立ち上げる）。

そんな竹下も怒ったことがあるらしい。それは宮澤喜一が「竹下さんが早稲田に入ったころは無試験だったんだってね」と尋ねた時のことらしい。この余計な一言で竹下の怒りを買い、総理の座が遠のきかけた。しかし、こんなことで竹下が怒るとは思えない。竹下は怒ったフリをしていたのだろう（なお、竹下は今の早稲田高等学院から大学に進んでいるので、無試験だったらしい）。

そんな竹下も消費税を導入することで人気が落ちた。大蔵省官僚のいいなりになったところがあるのは、親分だった田中角栄にかなり劣るところだ。やはり政治家は、怒ってでも国民のために、「やる時はやる」の姿勢が欲しい。

竹下 登（たけしたのぼる）
1924年～2000年。島根県出身。早稲田大学商学部卒。中学校の代用教員、島根県議会議員を経て衆議院議員となる。その後、内閣官房長官、建設大臣、大蔵大臣などを務めた後、総理大臣に就任。敵を作らない性格で、絶対に人の悪口を言わず、人のことを怒らなかったという。また、我慢強い性格で、「石橋どころか二重橋でも叩いて渡る」と言われるほど慎重だった。言葉の選び過ぎや、用心深い発言で文章全体の意味がつかめないことから、「言語明瞭・意味不明」と言われていた。76歳没。

平成

THE WORD OF PRIME MINISTER

Prime Minister

75代

宇野　宗佑

明鏡止水の心境であります

「明鏡止水」とは、澄み切った静かな心境のことをいう。

宇野宗佑総理大臣はリクルート事件による竹下登総理大臣の退陣後に、なり手の出て来ない中で選ばれた。

しかし、当時、鳥越俊太郎が編集長を務めていた週刊誌『サンデー毎日』に愛人問題をすっぱ抜かれ、わずか69日で退陣した。2016年の都知事選に立候補して『週刊文春』で女性問題を報じられて大敗した鳥越元編集長は、「はめられた」と言い訳をしている。週刊誌のやり方をよく知る者として、少々見苦しかった。

さて宇野は、多才な人である。文部両道で、何でも相当なものだったらしい。絵はプロ級で、剣道も五段で学生時代のチームで全国優勝もしているとのこと。

孔子は、いくら自分が尊敬していてもケチで傲慢な人だったら、見向きもしなかったという。

国語学者の谷沢永一は「ケチは絶対直らない」と名言を述べていた。宇野元総理は女性への愛人手当を指三本で申し入れ（月30万円ということらしい）、別れる時に手切れ金がなかったという。このケチさに国民はあきれたのである。

宇野宗佑（うのそうすけ）

1922年〜1998年。滋賀県出身。神戸商業大学（現・神戸大学）中退。学徒出陣し、2年間のシベリア抑留を経験する。帰国後、滋賀県議会議員、衆議院議員、防衛庁長官、科学技術庁長官、行政管理庁長官、通商産業大臣、外務大臣などを経て、総理大臣に就任。その3日後、週刊誌で女性スキャンダルが表面化し、ワイドショーでも取り上げられる騒動となる。リクルート問題や消費税問題も影響し、参議院選では自民党結党以来、初の過半数割れとなり、わずか69日で退任することとなった。75歳没。

Prime Minister

76代

海部 俊樹

そもそも、自分の国を大切にしない者は、
他国も大事に思えない。
そんな基本中の基本を、
子どもたちに教えないでいいのか。
教育とは、基本に忠実になることではないか

海部は「かいふ」と読む。海部俊樹が総理大臣になる約10年前の1979年に、ダグラス・グラマン事件で有名になった凄腕商社マン、海部八郎副社長との間に縁戚関係はないという。

いつも水玉模様のネクタイをして、さわやかでクリーンな政治家のイメージで、弁舌もよく立った。

自民党内ではタカ派よりハト派と思われていた。

ただ、右の言葉にあるような、筋の通ったことも言った。

退任後のある時、寿司屋さんで一度偶然隣に座ったことがある。深酒するとからむというウワサがあったので楽しみにしていたが、あくまで紳士的な飲み方、食べ方であった（もっとも奥様が一緒だったが）。

愛国心の考え方には私も同じ意見だ。たとえば私の息子の小学校を選ぶ時、日の丸を掲揚しない学校は嫌だと思ったが、それさえしない学校ばかりで、日本の未来は大丈夫なのかと心配した。

海部俊樹（かいふとしき）

1931年〜。愛知県出身。早稲田大学第二法学部卒。衆議院議員、内閣官房副長官、文部大臣などを経て、総理大臣に就任。その後、自社連立に反発し自民党を離党。新進党党首、自由党最高顧問などを経て自民党に復党した。

Prime Minister

77代

海部 俊樹

盛者必滅という言葉があるが、
こういう結果になったのは
私の不徳の致すところだ。
うそのない、きれいな政治ができた

海部俊樹はクリーンな政治家と言われ続け、自らもクリーンであることを言い続けた。

海部は、自民党議員らしからぬ代議士であり、しかもずっと少数派閥であった三木派（後に河本派）に属していた。国民がいわゆるリクルート事件で政治家や財界の金銭感覚の乱れを批判する中、最大派閥竹下派の協力の下に総理大臣になった。本人もまさか総理大臣になれるとは思っていなかったのではないだろうか。

国民の支持は強くて、退任せざるを得なくなっても内閣支持率は約50％をキープしていた。

いくら本人がクリーンでも、竹下派（竹下登と仲がよかった）や小沢一郎の影響が強くて、思うようにはいかなかった。

またクリーンであることと、若手後輩議員の面倒をよく見てやることとは両立しにくく、〝財布とじき〟とも言われた。すなわちケチと見られることにもなった。政治とお金の難しさである。

国民の支持だけでは総理大臣としてはうまくやれない難しい時代でもあった。現代ではどうだろうか。

海部俊樹（かいふとしき）
1931年～。愛知県出身。早稲田大学第二法学部卒。衆議院議員、内閣官房副長官、文部大臣などを経て、総理大臣に就任。その後、自社連立に反発し自民党を離党。新進党党首、自由党最高顧問などを経て自民党に復党した。

Prime Minister

78代

宮澤 喜一

脅かせば頭を下げると
思ったとすれば、
政治家に対する重大な侮辱だ。
いつでも戦う

宮澤喜一総理大臣は、「最高の官僚は最悪の政治家である」という、マックス・ウェーバーの学説の正しさをよく証明した。

宮澤ほど官僚として優秀な人もいなかったという。ただ、自分がどれだけ優秀だったのかも自覚していたらしく、取材に来る新聞記者が東大出身かそうでないかを必ず聞いていたらしい。

竹下登に無試験で早稲田大学に入ったのかと聞いて怒らせ、一時は竹下派を敵に回したことを前述した。また竹下と親しい金丸信（東京農大出身）にも「大学出」だからインテレクチュアルな人、と大いなる皮肉を言って怒らせている（しかし、後にこの金丸に接近し、さらに竹下派を味方につけた）。

そんな宮澤を、日本の首相としても批判する人は多い。

中でも、もともとなかった従軍慰安婦問題を、朝日新聞の報道をうのみにし、韓国を訪問した際に盧泰愚大統領に対して八度も謝罪の言葉を口にし、官房長官だった河野洋平の談話とともに、余計なトラブルのきっかけにしてしまったのは後世の日本人に大きな罪をつくった。

本人はインテレクチュアルな行動と思ったのだろうが、日本国民は余計で実にやっかいな問題を残されたことになる。

宮澤喜一（みやざわきいち）

1919年～2007年。東京府（現・東京都）出身。東京帝国大学（現・東京大学）法学部卒。大蔵省に入省し、退官後、参議院議員となる。経済企画庁長官、衆議院議員、通商産業大臣、外務大臣、内閣官房長官、大蔵大臣などを経て、総理大臣に就任。内閣不信任案可決により衆議院を解散するも、総選挙に敗れ内閣総辞職。その後、初代財務大臣などを務めた。大蔵省出身のエリートであり、政治家や新聞記者などに学歴を事細かに聞くことで有名だった。海外留学や英語の専門教育を受けた経験がないにもかかわらず、抜群の英語力を誇ったという。87歳没。

Prime Minister

79代

細川 護熙

政府は帆であり、
国民は風であり、
国家は船であり、
時代は海である

細川護熙は細川家の第18代当主だった。

細川家は応仁の乱以前からの名家であったが、江戸時代以降は熊本の藩主だった。

護熙の祖父は近衛文麿であり、二人とも国民の人気が高かった。細川内閣成立後の支持率は70％を超えていた。その後も高い支持率があったが、現在再評価を受けている田中角栄と比較すると、内閣支持率をどう評価するかは難しいところがある。現に、前々回の都知事選に、これも高い支持率を誇った小泉純一郎が推薦した細川が立候補したものの、勝負にならない得票率で敗れている。

細川は、国家は船であり、国民は風であるという。総理大臣は船長か。

（内閣などの）政治担当者を風と見たのは孔子である。この場合、孔子は、国民を草と見ている。草は風がいいと、気持ちよくなびくからだ。風が荒れると、草も大変な目に遭う。細川の見方は民主制を強調したもので、それはそれでなかなかのたとえであると思われる。

細川護熙（ほそかわもりひろ）

１９３８年〜。東京府（現・東京都）出身。上智大学法学部卒。朝日新聞社記者を経て参議院議員となった後、熊本県知事に転じて２期８年を務めた。退任後、日本新党を結成して代表に就任し、参議院議員として国政に復帰。その後、衆議院議員総選挙に鞍替え立候補し、当選。非自民連立政権の首班となり、38年ぶりの政権交代を実現させた。

Prime Minister

80代

羽田 孜

普通の人間の考え方、
普通の人間が使っている普通の、
わかりやすい言葉を使う。
そのことが、私のモットーです

羽田孜は「はたつとむ」と読む。孜の名付け親は『三太郎の日記』で有名な作家で学者の阿部次郎である（阿部は羽田の父親の恩師だった）。

羽田は高校受験も就職試験も失敗している苦労人である（大学は成城大学）。温厚な性格で敵も少なかったが、八方美人的なところもあったようだ。

庶民的と言えば庶民的で、そばなどの麺類が大好きで、また駅弁を愛した。

総理大臣としての在任期間は64日間と宇野宗佑政権に次ぐ短さであった。

羽田が総理になったのは小沢一郎の力が大きかった。自民党をともに離党して新生党をつくり、羽田が党首で代表幹事が小沢だった。

細川連立内閣を支えたが、細川が金銭スキャンダルで退き、羽田内閣が誕生した。しかし、小沢との仲も微妙となり、新党が乱立する中で、内閣は短命に終わってしまった。

普通の人間の考え方を目指す真面目な羽田が、普通の人でない、権謀術数《けんぼうじゅつすう》が大好きな小沢と組んだがゆえの結末かもしれない。

こうしてしばらく日本政治は小沢に振り回されるのである。

羽田 孜（はたつとむ）

1935年〜。東京府（現・東京都）出身。成城大学経済学部卒。大手バス会社での勤務を経て、衆議院議員、農林水産大臣、大蔵大臣などを務める。その後自民党を離党し、新生党を結成、党首に就任する。後に総理大臣に指名されるも64日間で内閣総辞職。後に民主党に合流し、初代幹事長、特別代表、最高顧問などを歴任する。温厚な性格で敵が少ない。八方美人と評されることもあるが、一度こうと決めたら頑固一徹だという。座右の銘は、「真心」「血につながる政治　心につながる政治　普通の言葉の通じる政治」。

Prime Minister

81代 村山富市

全ては自分の意思ではない。
たまたまと偶然、めぐり合わせの連続で
周りから背中を押されてやらされてきた。
だが総理になった以上は
一生懸命やる以外にないと腹をくくった

村山富市内閣は、社会党首班内閣としては片山哲以来47年ぶりに誕生した政権だった。万年野党と言われた社会党だったが、村山がひょんなことから総理大臣になることで、かえってその勢力が弱ってしまう皮肉なことになってしまった。

一方のライバル自民党は、宮澤喜一が党首を務める1993年の衆院選挙で大敗し、下野していた。とても政権を担う力はなく、社会党と新党さきがけとの連立が組まれ、村山が首相となったのである。

社会党といえば、自衛隊は違憲のもの、日米安保反対が党是であったはずなのが、村山が総理大臣になることで、この方針は変えざるをえなくなった。村山は苦渋の決断をしたことになる。

また、在任中には阪神淡路大震災やオウム真理教サリン事件などの難問も起きた。

それでも村山は所信表明にあるごとく本人なりに誠実に頑張ったのだ。ただ「大衆とともに大衆に学ぶ」という自分のモットーと、一国の総理としての立場との間で迷いに迷ったろう。野党政治家としての自分の在任意義を問いつつ、一国の宰相としてもやっていかなければならなかったのである。

村山富市（むらやまとみいち）

1924年〜。大分県出身。明治大学専門部卒。大分市議会議員、大分県議会議員を経て衆議院議員、日本社会党委員長などを務め、総理大臣となる。1947年の片山政権以来47年ぶりの社会党首班内閣だった。終戦50周年の節目に、日本が過去に行ったとされるアジア諸国への侵略や植民地支配について公式に謝罪する、内閣総理大臣談話、いわゆる「村山談話」を発表した。以後、歴代内閣がこの談話の歴史認識を踏襲している。総理大臣辞任後は、初代社会民主党党首、同特別代表などを務める。

Prime Minister

82代

橋本 龍太郎

そもそも長寿社会は、
私たちが永年目指してきた
目標が達成された社会だといえます

〝政界の玉三郎〟は背は低いものの、男前かつ女好きのプレイボーイだった。しかし、男にはあまりモテていなかったようだ。

総理になる前のニューリーダーと呼ばれているころ、銀座で花束を抱え、たった一人でクラブに飲みに行く橋本龍太郎を見た時、日本はいい国だなあと思ったことを思い出す。

安全かつ個人の自由が認められていると思ったのだ。

男友だちはいない（仲間ができない）と小沢一郎に言われても自分の流儀を貫いた。

アメリカの都合でいわゆる〝金融ビッグバン〟が行われ、北海道拓殖銀行が破綻し、山一證券が自主廃業するという時代の変わり目の首相をやった。そういう意味でよく頑張った総理大臣である。金融ビッグバンというのは橋本がやったこととされているが、実は、村山富市前首相の時にはアメリカの要求で決まっていたことであるのだ。

高齢化社会の心配はあるが、橋本が鋭く言ったように、それは日本がよい国になっていっている証拠でもある。自らは60代で亡くなってしまったが、やりたいことをやったよい人生であったのではないだろうか。

橋本龍太郎（はしもとりゅうたろう）
１９３７年～２００６年。東京府（現・東京都）出身。慶應義塾大学法学部卒。呉羽紡績（現・東洋紡）入社。その後、父・橋本龍伍（元厚生大臣・文部大臣）の急逝を機に、衆議院議員選挙に出馬、当選する。厚生大臣、運輸大臣、大蔵大臣、通商産業大臣などを経て、総理大臣に就任。68歳没。

Prime Minister

83代

橋本 龍太郎

戦後五十年たった社会・経済の仕組みを変え、ここ十年のバブルのたまり、不良債権などを解決しないと次の時代に移ることができない

橋本龍太郎は、人間としての喜怒哀楽を素直に表現するタイプで、その意味で愛すべき人だったのではないだろうか。

反面、そこそこつけ狙われやすく、中国女性にハニートラップに遭っていたとか、他にも女性問題で騒がれもした。

時代は、村山富市前首相（社会党党首）の後を受け、自民党も従前のような勢いはないままで、ゆがんできた社会、経済の仕組みを変え、金融制度でもバブル崩壊後の混乱を収拾していく過渡期の難しい時だった。

この難しい時を、ある意味正直で、敵対する人も憎めない青年のようなタイプの橋本龍太郎が首相として必要とされたのである。

決定的な政治力を持たない橋本だからこその均衡がとれていたと思う。村山富市前首相の後でアメリカとの関係修復も大変だったであろう。沖縄の米軍普天間基地返還合意を決めた時、「今夜は飲むぞ」と言ったのは有名である。

そんな心労と放蕩もたたったのか、68歳の若さで亡くなった。

橋本龍太郎（はしもとりゅうたろう）

1937年〜2006年。東京府（現・東京都）出身。慶應義塾大学法学部卒。呉羽紡績（現・東洋紡）入社。その後、父・橋本龍伍（元厚生大臣・文部大臣）の急逝を機に、衆議院議員選挙に出馬、当選する。厚生大臣、運輸大臣、大蔵大臣、通商産業大臣などを経て、総理大臣に就任。68歳没。

Prime Minister

84代 小渕 恵三

行き過ぎた悲観主義は
活力を奪い去るだけであります。
いま必要なのは、
確固たる意志を持った
建設的な楽観主義であります

小渕恵三は、その人柄のよさが有名な総理大臣であったが、面白い人でもあった。

イギリスBBCのインタビューに「私はオブチですが、オプチュミスト（楽観主義者）だ」と答えている。

ニューヨーク・タイムズには「冷めたピザほどの魅力しかない」と言われたが、「冷めたピザもチンすればおいしい」と切り返している。いきなり一般国民のところにも電話することで、人を驚かせもしている（ブッチホン）。

映画「男はつらいよ」シリーズの大ファンで〝寅さんファンクラブ〟の第一号会員でもある。

自分のことを「オレはビルの谷間のラーメン屋」と言い、田中真紀子（田中角栄の娘）には「凡人」と言われている（ちなみに小泉純一郎は「変人」と言われた）。

それでも、建設的楽観主義者として、しぶとく政権運営をやっていたが、結構気を使い、頑張り屋のところがあり、総理在任中に脳梗塞で倒れ死去した。62歳だった。

小渕恵三（おぶちけいぞう）
1937年〜2000年。群馬県出身。早稲田大学第一文学部卒。早稲田大学大学院政治学研究科修了。衆議院議員、総理府総務長官、沖縄開発庁長官、内閣官房長官、外務大臣などを経て、総理大臣に就任。敵を作らない性格から「人柄の小渕」の異名をとった。総理大臣在任中に脳梗塞で倒れ死去した。62歳没。

Prime Minister

85代 森 喜朗

ラグビーのボールは
どこへ転がるかわからない。
どこに転んでも対応できるように、
常に鍛錬・精進を重ねて
準備しておくことが大切だ

森喜朗内閣は支持率が低いことで有名だった。マスコミにおいても人気がなかった。退任してからも、現在に至るまで、いいことでニュースにはならない人のようだ。

最近の週刊誌が行った「嫌われるジジイ調査」では舛添要一とトップを争った。舛添元知事の不人気は、最近、そのケチぶりと公私混同問題がマスコミに叩かれたからだが、首相を辞めてから15年以上も経つのに、未だに不人気でトップを争う森は、ある意味大したものだと思う。

森内閣の次の小泉純一郎内閣が高支持率であったのと好対照である。言っていることは、よく考えると問題にすることはないと思うのに、どうして森が言うと嫌われるのだろうか。これは後の麻生太郎についても言える。こういう人気の出ない人は役割として裏方向きなのであろう。

森はラグビーをやっていたというイメージだが、早稲田大学ラグビー部を入部4ヵ月ほどでやめている（レベルの高さについていけなかったらしい）。でも堂々とラグビーの第一人者のような顔をしてラグビーを例にしながら語るところが、また人気がでないところなのか。

森 喜朗（もりよしろう）
1937年〜。石川県出身。早稲田大学第二商学部卒。産業経済新聞記者、衆議院議員秘書を経て、衆議院議員となる。文部大臣、通商産業大臣、建設大臣などを務めた後、総理大臣に就任。自民党の幹事長、総務会長、政調会長の党三役すべてを経験して総裁も務めた唯一の人物。数々の失言で世間を賑わせているが、「ノミの心臓」と評され、細心な面も持ち合わせているとされる。

Prime Minister

86代

森 喜朗

もうお互いに
憎み合う時代じゃないでしょう。
本当の意味で
ノーサイドにしなきゃ

注釈 政界引退の時の言葉。

ラグビーのノーサイドの精神は素晴らしい。

あれほど体をぶつけ合い戦った者同士が、試合が終わるとお互いを仲良く称えあう。

今でも大学ラグビーの試合の後はお互いのチームが一緒になって軽い食事をしつつ、試合のことなどを振り返る（アフター・マッチ・ファンクション）。

ラグビーはイギリスで発祥したが、ラグビーをプレイする人たちは上流階級に属し、そこでは紳士的であったのだ。

森の有名な失言で問題にされたものは神の国発言であった。

「日本の国、まさに天皇を中心としている神の国であるぞということを国民の皆さんにしっかりと承知していただく、そのために我々（＝神道政治連盟関係議員）が頑張って来た」（神道政治連盟国会議員懇談会にて）

間違ったことを言っていると思わないが、これがＮＨＫや朝日新聞に問題発言とされ、大騒ぎになった。

森はマスコミで仕事をしたというが（産経新聞グループ）、マスコミへの対応を考えると総理大臣としては問題があったようだ。

森 喜朗（もりよしろう）
１９３７年〜。石川県出身。早稲田大学第二商学部卒。産業経済新聞記者、衆議院議員秘書を経て、衆議院議員となる。文部大臣、通商産業大臣、建設大臣などを務めた後、総理大臣に就任。自民党の幹事長、総務会長、政調会長の党三役すべてを経験して総裁も務めた唯一の人物。数々の失言で世間を賑わせているが、「ノミの心臓」と評され、細心な面も持ち合わせているとされる。

Prime Minister

87代 小泉純一郎

ある程度の痛みに耐えないと
明るい展望が
開けることはありえない。
改革なくして（経済）成長なし。
断固として改革に立ち向かいます

小泉純一郎内閣は、前の森喜朗内閣と打って変わって高い支持率をとり続けた。

発足当時は80%を超える空前の支持率であった。

どこが人気の秘密だったのか。

一つ言えることは、小泉は口を開けば「改革」とか「変える」とか「ぶっ壊す」と言っていたところである。

そして見るからに面白かった。小泉劇場と言われるゆえんである。発言も刺激的である。

一方の森は、昔風の変わらないイメージ（変化が少ないイメージ）で、見ていても面白味はあまりない。裏方が向いているとされるわけだ。

「改革」「変化」については、小泉の言っていることは正しい。すべてを変えるわけにはいかないが、変えるべきは変え、革新していかないと社会は停滞し、経済も成長しない。

経済学・経営学でいう「イノベーション」である。

私は個人的には小泉のやり方（パフォーマンスで惹きつけること）は決して好きではないが、やはりリーダーとしての資質には必要なものであろう。

小泉純一郎（こいずみじゅんいちろう）
１９４２年〜。神奈川県出身。慶應義塾大学経済学部卒。代議士秘書を経て、衆議院議員となる。山崎拓や加藤紘一と「ＹＫＫ」を結成し、経世会支配からの脱却や党の世代交代を訴え「グループ・新世紀」を旗揚げした。厚生大臣、郵政大臣などを務めた後、総理大臣に就任する。

Prime Minister

88代

小泉純一郎

人生いろいろ、
会社もいろいろ、
社員もいろいろです

小泉純一郎と森喜朗の違いの一つは、小泉が人を認めようとする前向きの発言が多いのに対し、森は否定的にとらえる発言が多いところである。

まさに「人生いろいろ」であって、それぞれによさがあり、スポーツ選手はその秀出た能力で人々を励ましている。そこを見ることのできる小泉は人気があった。

小泉は首相就任直後、大相撲で貴乃花が優勝した時、自らが総理大臣杯を手渡してこう言った。

「痛みに耐えてよく頑張った！　感動した！　おめでとう！」

これに対し森は、ソチオリンピックで転んでしまったフィギュアスケートの浅田真央のことを次のように言った。

「見事にひっくり返った。あの子、大事なときには必ず転ぶ」

これは森の首相退陣後の発言だが、政治家として言ってはならない言葉である。

政治家は小泉がそうだったように、いろいろな人が集まっている国民を、それぞれに認めて、励ます人であってほしいと国民は願っているのだ。

小泉純一郎（こいずみじゅんいちろう）

１９４２年〜。神奈川県出身。慶應義塾大学経済学部卒。代議士秘書を経て、衆議院議員となる。山崎拓や加藤紘一と「ＹＫＫ」を結成し、経世会支配からの脱却や党の世代交代を訴え「グループ・新世紀」を旗揚げした。厚生大臣、郵政大臣などを務めた後、総理大臣に就任する。

Prime Minister

89代

小泉純一郎

格差が出ることが悪いとは思わない。今まで悪平等だという批判が多かったし、能力のある人が努力すれば報われる社会にしなければならない格差も大きすぎるといけない。

アメリカ大統領にトランプが選ばれたのは、このままではアメリカの格差社会はいくところまでいくとの心配があったからではないか。いくらグローバリズム、金融力の時代だといっても、一部のうまいことをしている人たちが支配する社会はよくない。

社会主義を標榜する中国でも、共産党幹部や党とうまくやっている資本家が何百億円、何千億円と（中には兆を超える人もいるとか）持つ社会をつくっているのは能力による格差ではなく、つくられた格差、うまいこと世渡りすることによる格差である。これは人類のあり方として認めるわけにはいかない。

やはり、小泉純一郎が言ったように、「努力すれば報われる社会」というレベルの健全な格差社会を目指すべきだ。

小泉の座右の銘は「和して同ぜず」という論語の言葉だ。日本人の特徴、日本の社会をよく示している。他人とは仲良くするが雷同することはない（群れない）ということだ。

自分の能力を発揮し、他人の力は借りるが、頼りっぱなしにはしないということだ。健全な努力が生きる社会がいいということだ。

小泉純一郎（こいずみじゅんいちろう）
1942年〜。神奈川県出身。慶應義塾大学経済学部卒。代議士秘書を経て、衆議院議員となる。山崎拓や加藤紘一と「YKK」を結成し、経世会支配からの脱却や党の世代交代を訴え「グループ・新世紀」を旗揚げした。厚生大臣、郵政大臣などを務めた後、総理大臣に就任する。

Prime Minister

90代

安倍 晋三

私が辞することによって
局面を転換した方が、
その方がむしろよいだろうと
判断をいたしました

小泉純一郎内閣で官房副長官を務め、小泉の高い人気を引き継ぐと思われたが、内閣支持率は低く、党内にも、野党にも敵は多く、安倍晋三は一度挫折した。

健康にも問題があった。

もうこの人の再登場はないとの見方がマスコミを支配した。私も、見る目がなくそう思っていた一人だ。

ところがテレビの「たかじんのそこまで言って委員会」のスペシャルをたまたま見てその考えは変わった。

東京では放送されないが、全国的に人気ある番組だ。安倍が山口県の俵山《たわらやま》温泉で今は亡き〝たかじん〟と二人で温泉につかりながら話すという内容だった。

たかじんが、安倍に「またやりなよ」と言う。安倍は「やる！」と目を輝かせて言っていた。

私はマスコミ関係者、出版関係者に「安倍さんの再登場はあるかもしれない。橋下徹とこの人は目が離せない」と言った。

みんなは「お前、おかしいんじゃないか」と言っていた。

安倍は運がいい人だ。民主党政権、小沢一郎の人気低迷で、彼の魅力に気づく人たちが多く出てきたのだから。

安倍晋三（あべしんぞう）
1954年〜。東京都出身。成蹊大学法学部卒。大手鉄鋼会社勤務の後、父・安倍晋太郎の秘書官を務める。その後、急死した父の地盤を引き継ぎ、総選挙に当選。内閣官房副長官、自民党幹事長、内閣官房長官などを経て、総理大臣に就任する。当選5回のスピード出世だった。また、戦後最年少にして初の戦後生まれの総理大臣。

Prime Minister

91代

福田 康夫

世の中っていうのは
静かに変わっていくんです。
静かなる改革が一番良いんです

福田康夫は、第67代福田赳夫総理大臣の息子である。初の親子2代の総理大臣となった。

石油会社のサラリーマンを長く勤めた後、54歳で衆議院議員となった。そのクールな物の言い方が話題となった。初当選のインタビューでは次のように言った。

「二世批判はあるでしょうが、政治家の息子とはいえ私は50歳代。独立した一人の人間として見ていただきたい」

福田は子どもの時、野球少年でキャッチャーをやっていたという。キャッチャーをやる人はどちらかというとクールな人が多い。よく状況を見なければならないからだ。

福田の言う「静かな改革」は理屈ではなるほどと思うが、国民的にはわかりにくい。一方で支持率を上げる政治家はわかりやすい政策を立てるのもうまい。

福田は首相退陣記者会見で「他人事のよう」ではないかと聞かれこう答えた。

「私は自分自身を客観的に見ることはできるんです。あなたとは違うんです」

この「あなたとは違うんです」は流行語の一つにもなった。

福田康夫（ふくだやすお）
1936年〜。東京府（現・東京都）出身。早稲田大学第一経済政策学部卒。大手石油会社勤務の後、衆議院議員秘書を務める。その後、衆議院議員、内閣官房長官などを経て、総理大臣に就任。父・福田赳夫と、史上初の親子での総理大臣となった。

Prime Minister

92代 麻生 太郎

日本を明るく強い国にする。
それが私に課せられた使命だと
思っております。
私の持っております経験のすべてと、
この身を尽くして難題に立ち向かうことを
お誓い申し上げます。

麻生太郎は吉田茂の孫であり、福岡の筑豊地方の財閥の子孫として生まれた。よく言えば自由奔放の性格と物言いをする人であるが、悪く言うと、わがままな苦労知らずのお坊ちゃんで周りが見えないところがある。

よく〝半径2メートルの人〟と称されるのは言い得て妙だ。みんな、近くにいると面白いが、総理にはちょっとね、と思うのだ。

正直に思ったことを言うものだから、失言が多い。人気があるように思うが、総理大臣としての国民の支持は低かった。

自民党は麻生内閣の時に政権を民主党に奪われている。やはり、総理大臣としては、国民は心もとなかったようだった。

それでも麻生は強気の人だ。もともと苦労知らずのお坊ちゃんで、しかもべらんめえの気性である。

「政治はばくちじゃない。（民主党に）ちょっとやらせてみようか、というのは違う話だ。全く優先順位が分かっていない人が多すぎる」

しかし、麻生は財政手腕では評価されている。この人は目立つのが好きなタイプであろうが、副総理とか、財務大臣という裏方で能力を発揮する人であろう。

麻生太郎（あそうたろう）
1940年〜。福岡県出身。学習院大学政治経済学部卒。大学時代からクレー射撃を始め、全日本選手権を当時の日本新記録で優勝。モントリオールオリンピック代表に選出された。麻生セメント社長、日本青年会議所会頭などを経て、衆議院議員となる。その後、経済財政政策担当大臣、総務大臣、外務大臣などを務めた後、総理大臣に就任。

Prime Minister

93代

鳩山 由紀夫

友愛精神に基づいた人間のための
経済というものが、
この国の新たな成長を
しっかりとつくり上げて
行くことができる

鳩山由紀夫は、元自民党員だが、小沢一郎や菅直人と組んで、民主党を結成し、見事衆院選で自民党に大勝した。

それだけ自民党政治に愛想をつかし、民主党に期待した人が多かったのである。

ところが、民主党が何をやろうとしたのかはよくわからなかった。内閣総理大臣になった鳩山が「友愛精神」を説き「人間のための経済」を説いても、確かに言葉は立派でも、では具体的にどうするのかはまったくわからなかった。

アメリカの新聞に「ルーピー（愚か、頭がおかしい）」と書かれ、ルーピー首相とも呼ばれた。

「政治は愛を原点にしないといけない」とし、中国寄り、韓国寄りの考えも示した。「愛」は素晴らしい。しかし、それは日本国民への愛よりも中国、韓国への愛が勝ってはいないかと批判された。

祖父は鳩山一郎で、母方の祖父はブリヂストンタイヤ（現・ブリヂストン）の創業者・石橋正二郎で、かつ、本人も大資産家である。自分の資産管理もいい加減で母親からの贈与にも税金を払わなかった。一部は時効で得している。政治家が愛を説く時、自分には厳しくなくてはならないはずだ。

鳩山由紀夫（はとやまゆきお）
1947年〜。東京都出身。東京大学工学部卒。スタンフォード大学大学院工学部博士課程修了。東京工業大学助手、専修大学助教授を経て衆議院議員となる。所属していた自民党を離党し、新党さきがけを結成。内閣官房副長官、民主党代表などを経て、総理大臣となる。

Prime Minister

94代

菅 直人

人間の一生とは、偶然に生まれて
必然的に死んでいく。その間の時間だ。
自分に与えられたものはただそれだけ。
人生一回こっきりなのだから、
一度の人生をいかに自分として
納得できるかたちで送れるかが勝負だ。

注釈 菅の座右の銘は、「人生、ただ一度」である。

鳩山由紀夫に続き民主党から内閣総理大臣になったのは菅直人である。

菅は高杉晋作を尊敬している。そういわれてみると高杉が死ぬ直前に書いた、

「おもしろきこともなき世をおもしろく」という言葉に、右の言葉は似ていなくもない。

しかし、私にはまったく二人のイメージは重ならない。

高杉は、確かに自分の人生を自分らしく貫いて生きたが、それはあくまで「世のため、人のため」であった。師の吉田松陰の教えを実現していこうとした。

菅の場合は、自分が目立つため、いい思いをするためとしか見えなく、そこが大きな違いである。その流れは、民進党になってからの党首・蓮舫につながっているように見える。どこまでも、自分が目立ちたいだけのように見える。

菅の自分よがりのパフォーマンスは、O157事件の時も、首相時の福島第一原発事故の際にも見られた。面白く生きるのはいいが、一国の首相としては、自分だけ納得してればいいというわけにはいくまい。

菅 直人（かんなおと）
1946年〜。山口県出身。東京工業大学理学部卒。弁理士試験に合格した後、市川房枝を第10回参議院議員通常選挙に担ぎ、選挙事務長を務め、当選させる。その後、衆議院議員となり、厚生大臣、民主党代表、財務大臣などを経て、総理大臣に就任。官僚をどなり散らしたり、記者の質問に激高するなど、短気な性格から「イラ菅」というあだ名をつけられた。

Prime Minister

95代

野田 佳彦

お金はないけれど、されど志あり

志とは、世の中をよくするために自分を役立たせることである。

志を口にする野田佳彦は、鳩山由紀夫、菅直人に続き、三人目の民主党からの総理大臣となった。

野田は、松下幸之助が設立した松下政経塾出身の初の首相となった。

歴代首相の中で、資産が最小だったのが公表でわかったが、志はあることを強調した。

自分の庶民的感覚を大切にし、素朴な詩を多く残した相田みつをの「どじょうがさ金魚のまねすることねんだよなあ」という詩を愛した。〝どじょう〟は野田のことを指す〝あだ名〟でもあった。

また、格闘技ファンで知られ、プロレスではジャンボ鶴田、小橋建太が好きだという。キックボクシングの沢村忠と子どものころ握手し、感激したという話も残っている。自らも柔道をやっていた。

性格的に誠実なのがよくわかるが、志をどうやって実現していくのかという戦略もうまく立てて欲しい人であった。

野田佳彦（のだよしひこ）
1957年〜。千葉県出身。早稲田大学政治経済学部卒。松下政経塾第一期生。家庭教師や都市ガスの点検員など、様々な仕事の経験を経て、千葉県議を二期務めた後、衆議院議員となる。財務副大臣、財務大臣などを務めた後、総理大臣に就任。

Prime Minister

96代

安倍　晋三

わたしたちの国日本は、
美しい自然に恵まれた、
長い歴史と独自の文化をもつ国だ。
そして、まだまだ大いなる可能性を秘めている。
この可能性を引き出すことができるのは、
わたしたちの勇気と英知と努力だと思う。

まさかの逆転劇で再び総理大臣になった安倍晋三は、国民の高い支持率を得て、世界でも有数なリーダーとなっている。

最初の総理大臣の時の失敗の数々（とくに党内の人心掌握がうまくいかず、官僚に足元をすくわれ、何よりも国民の支持が低かった）をよく反省し、生かしている。

人は安倍を運がいい人と言うが、本当にそうだ。

民主党の鳩山由紀夫、菅直人、野田佳彦の首相としての仕事を見たからこそ、安倍の政治は際立ってよく見えるところがある。

民主党時代に日経平均株価は８０００円台であったのが、２万円近くまで戻してきている。アメリカもドイツもイギリスも中国もロシアも、大国が経済を中心に元気をなくしている中で、日本だけが何とか元気だ。これもツイている。

最初の時のように自分の思っている政策を無理に実現していこうとしないところも見え、安定を目指しているのがわかる。これは、安全な政局運営のようであるが、安倍の信条である〝至誠〟（吉田松陰、孟子の教え）とは、少しずれているように見えなくもない。

安倍晋三（あべしんぞう）
１９５４年〜。東京都出身。成蹊大学法学部卒。大手鉄鋼会社勤務の後、父・安倍晋太郎の秘書官を務める。その後、衆議院議員、内閣官房副長官、自民党幹事長、内閣官房長官などを経て、総理大臣に就任。当選５回のスピード出世だった。また、戦後最年少にして初の戦後生まれの総理大臣。

Prime Minister

97代

安倍　晋三

私が目指すこの国のかたちは、
活力とチャンスと
優しさに満ちあふれ、
自律の精神を大事にする、
世界に開かれた、
「美しい国、日本」であります

一度退陣した総理大臣が再び登場し、しかも高支持率で長期政権をつくるとは、誰も想像できなかっただろう。それだけ安倍晋三はツイていた。当時の状況が安倍を再び総理にする大きな後押しになったからだ。その一つは中国、韓国、アメリカを中心とした国際情勢の激変である。もう一つは、長期的デフレに苦しんでいた日本経済のかじ取りを、これまでのように官僚たちに任せたままではいけないという状況になっていたことである。

さらに、これが一番の理由だと思うのが、国民の変化である。安倍は初めての戦後生まれの総理だが、それまでの日本はいわゆる団塊の世代の声が強かった。ほとんど社会主義的な考え方をよしとする人たちも少なくない。すぐに、いわゆる保守的な考え方をよしとする国民となったわけではなく、もっと柔軟に日本のよさを認め、変えるべきは変えていこうとする人たちが多くなった。

国民のレベルが一段階上がったのではないか。これはそれまで安倍を目のかたきにしていたマスコミの力が衰退し、インターネットなどの普及にともなって自分の考えを持つ人が増えたことが大きかったように思う。これからもこの高くなった国民のレベルに合う総理大臣が出てきてほしい。

安倍晋三（あべしんぞう）
1954年〜。東京都出身。成蹊大学法学部卒。大手鉄鋼会社勤務の後、父・安倍晋太郎の秘書官を務める。その後、衆議院議員、内閣官房副長官、自民党幹事長、内閣官房長官などを経て、総理大臣に就任。当選5回のスピード出世だった。また、戦後最年少にして初の戦後生まれの総理大臣。

【著者紹介】

遠越段（とおごし・だん）

東京生まれ。

早稲田大学法学部卒業後、大手電器メーカー海外事業部に勤務。

１万冊を超える読書によって培われた膨大な知識をもとに、独自の研究を重ね、難解とされる古典を現代漫画をもとに読み解いていく手法を確立。歴史上の偉人たちの人物論にも定評がある。

著書に『スラムダンク武士道』『スラムダンク論語』『スラムダンク孫子』『ワンピースの言葉』『ポケット判 桜木花道に学ぶ“超”非常識な成功のルール４８』『ポケット判 人を動かす！ 安西先生の言葉』『２０代のうちに知っておきたい読書のルール２３』『世界の名言１００』『心に火をつける言葉』『ゼロから学ぶ孫子』『最強の読書』『通勤大学経営コース 松下幸之助』『通勤大学経営コース 本田宗一郎』（すべて総合法令出版）などがある。

総理の言葉

2017年２月７日　初版発行

著　者　遠越段
発行者　野村直克
発行所　総合法令出版株式会社
〒103-0001 東京都中央区日本橋小伝馬町 15-18
ユニゾ小伝馬町ビル９階
電話 03-5623-5121

印刷・製本　中央精版印刷株式会社

落丁・乱丁本はお取替えいたします。

ISBN 978-4-86280-540-9

総合法令出版ホームページ　http://www.horei.com/